孟宪承文集

·卷四

民众教育
民众教育辞汇

孟宪承 编

主编 瞿葆奎
副主编 杜成宪

华东师范大学出版社

孟宪承(1894—1967)

世界新教育叢書

民眾教育

編著者　孟憲承

世界書局印行

孟宪承编著《民众教育》,世界书局 1933 年版的封面

孟宪承等编《民众教育辞汇》,江苏省立教育学院1929年印行的封面

CONTEMPORARY EDUCATIONAL SERIES

THE FOLK HIGH SCHOOLS OF DENMARK AND THE DEVELOPMENT OF A FARMING COMMUNITY

BY

H. BEGTRUP, H. LUND AND P. MANNICHE

TRANSLATED BY

H. C. MENG

THE COMMERCIAL PRESS, LIMITED, SHANGHAI, CHINA

現代教育名著 丹麥的民眾學校與農村

貝脫勒 倫曼涅芝 特著

孟憲承 譯

商務印書館發行

孟宪承译《丹麦的民众学校与农村》，商务印书馆1931年版的扉页

最近蘇聯和美國的成人教育

孟憲承講
段薀剛記

蘇聯在五年計劃之下，成人教育獲得從來未有的進展。美國在羅斯福嘗試的經濟復興與計劃之下，成人教育也表現了新的姿態出來。在我們研究外國成人教育的時候，這兩個國家成人教育事業的比較，是有特殊的趣味的。

一　蘇聯的成人教育

蘇聯的成人教育制度，與其兒童和青年的教育制度是相聯絡的。成人教育，不過是整個教育系統裏的一部分，好像一整個有機體裏的一種機構。所以在說明蘇聯的成人教育之前，先得把她的兒童和青年教育，概括的說一說。

★⋯⋯⋯★
（一）兒童和青年教育系統
★⋯⋯⋯★

1.普通教育　蘇聯的普通教育系統，很為簡單。兒童就學年齡為八歲，未達學齡的兒童，當然還有幼稚教育機關，這裏從略。

三級學校的名稱，修業年限，就學年齡和程度，列表如下：

學校名稱	修業年限	入學年齡	程度
第一級學校	四	八—十二	相當於「小學」
第二級學校	三	十二—十五	相當於「初中」

孟宪承讲、段蕴刚记《最近苏美的成人教育》，刊于《教育与民众》7卷7期(1936年)

总目录

丰富承文集·卷四 | 民众教育

目录

第一章
教育与民众

一、 民众是谁

民众,是大多数的人民。

古代所谓"百姓"、"万民",是王、公、大夫、士以下的大多数的庶人。英语的 the masses 则是和 the classes 相对的。后者指少数有权力的阶级,前者是大多数贫穷的、没有教育的群众。[1]

中国人口总数,据 1929 年海关调查,是 444 297 256 人;1931 年内政部调查,则为 474 418 700 人。在这四万万几千万人中,有人估计农人约占 336 000 000 人;工人约占 5 000 000 人。[2] 农人、工人,占了人口总数的 85%。他们是大多数,就代表着中国的民众了。

二、 民众有没有教育

在原始时代,人人从事于维持生命的劳动,日出而作,日入而息,没有哪一个是专施教育的人,也没有专受教育者。社会的经验——生产技术、观念、信仰等,

---

[1] 查 *Oxford Dictionary*。

[2] 见 *China Yearbook*,又参考社会调查所《第一次中国劳动年鉴》。
[H. G. W. Head(Ed.),*The China Yearbook*,Tientsin: The Tientsin Press Ltd.,1928;王清彬等编:《第一次中国劳动年鉴》,北平社会调查所 1928 年版。——编校者]

是由模仿和参加,或由老者、祭师等的告语,非意识地一代一代传递着。这种社会经验的传递,就是最广义的教育吧。于这广义的非意识的教育,民众是从来没有一个人能够自外的。

到了文明时代,蓄积了的复杂的社会经验,便靠文字记载下来。文明愈高,这记载下来的经验愈加丰富。除简单的生产技术、观念以外,渐出现了经验体系化的知识、学问。这,没有意识的指导,便不能传习了。于是有了特殊的教育场所——学校,和专施教育的成员——教师。我们寻常所谓教育,多指这狭义的、意识的教育。这种教育,非脱离直接生产劳动者,不获享受;而且它的内容也逐渐与生产劳动无关。在这意义上,教育与民众是开始分离了。

是希腊、罗马的大多数的人民的奴隶,没有教育,不消说。就在欧洲中世,基于农业生产的封建社会里,知识学问是被贵族和僧侣阶级所独占的,为大多数人民的农奴,也没有教育的。十二三世纪,商业和都市手工业发展,才有所谓"市民学校"(Burgher School)和"行会学校"(Guild School)[1]。18世纪产业革命以后,欧洲社会跃进于工业生产的阶段,封建是完全崩坏了。掌握新的经济权力的市民也起而代替贵族掌握了政权。现代式的国家这才确立,教育的民众化就在这时发酵了。

中国有很古的文明,她的农业发展得很早。却因为很长远地停滞在农业生产的阶段里,她的社会机构没有脱掉封建的遗迹,所以教育始终只限于极少数的人民。古代学校是为贵族和准贵族的士而设的。《周礼》说:"师氏……教国子弟。凡国之贵游子弟学焉。"[2]"大司乐,掌成均之法,以治建国之学政,而合国之子弟焉。"[3]周礼是否周朝的制度,虽是问题,而古代学校的独占性,应该可以证明的。汉朝的博士弟子始由民间选送,还免除他们的赋税和徭役,但其"好文学"的一条资格,便说明非脱离生产劳动的士,决乎够不上来。唐朝的国子学收"文武官三品以上及国公子孙,二品以上曾孙"[4];太学收"文武五品以上及

---

[1] 又称"基尔特学校"。——编校者
[2] 《周礼·地官司徒》。——编校者
[3] 《周礼·春官宗伯》。——编校者
[4] 《唐六典·国子监》。——编校者

郡县公子孙,从三品曾孙"〔1〕;四门馆收"七品以上及侯、伯、子、男子……及庶人子为俊士者"〔2〕;律学馆、书学馆、算学馆都收"文武官八品以下及庶人子"〔3〕。这里,我们看出就是士,也只占了怎样小的比例。到明朝的国子监生,才有所谓"例监","令天下纳粟纳马者,入监读书"〔4〕。后来顾炎武论到这事,还说:"鬻诸生以乱学校,其害甚于汉之卖爵。"〔5〕其实,这不过指示教育市民化的一个小小起点罢了。

诚然,学校以外,还有所谓选举的一条路,使得布衣可以爬到卿相的高位。但从周的宾兴、汉的设科射策,以至隋唐以后的开科取士,总不至于有人设想曾经有不识字读书的生产劳动者参加过的吧。

无论学校或选举,既都不是为大多数人民而设,它们的内容当然也只有少数治者的"道术",而没有大多数被治者的生产技术了。以学校课程言,周的六艺,汉的五经,南朝儒学、文学、史学、玄学,及唐宋以后国子学、太学的课程,宋明以后书院的理学、词章、考据;以考试科目言,汉的对策、射策,唐宋的帖经、墨义、诗赋、论策,明以后的经义(八股),有哪一项是和民众生产劳动有关系的呢?孔子因樊迟问学稼,怪他是"小人",说:"上好礼,则民莫敢不敬;上好义,则民莫敢不服;……焉用稼?"〔6〕孟子也因陈相学着许行躬耕,告诉他:"劳心者治人,劳力者治于人。"〔7〕这不能说,我们的圣人竟轻视了自古所以"立国"的农业!只为的在他们的社会里,劳心者用不着劳力,樊迟、陈相等辈本也要做士大夫的,那末,学些礼义就得了。《考工记》说:"坐而论道,谓之王公;作而行之,谓之士大夫;审曲、面埶,以饬五材,以辨民器,谓之百工。"〔8〕中国传统的教育只是"士大

---

〔1〕《唐六典·国子监》。——编校者
〔2〕《唐六典·国子监》。——编校者
〔3〕《唐六典·国子监》。——编校者
〔4〕《明史·选举志》。——编校者
〔5〕《亭林文集》卷二《生员论》。——编校者
〔6〕《论语·子路》。——编校者
〔7〕《孟子·滕文公上》。——编校者
〔8〕《周礼·冬官考工记》。——编校者

夫"的事,而不是"百工"民众的事。[1]

三、　教育的民众化

欧美社会进入了工业生产的阶段,因生产工具和技术的进步,使大多数劳动者可以有一些剩余的时间。同时,为了使用新的工具和技术,也有相当的知能的需要。又因市民领导的民主政治也在一步步地推进,从 1832 到 1875 年间,英、美、法的工人都取得了公民选举权。而新兴的国家,如德、如法,又为着爱国思想的灌输,急急地施行国民的训练。这些经济的、政治的变动,引起民众教育的可能和必要来了。

各国的民众现在已经得到了多少教育呢?

(1) 初等教育(Elementary Education)

这是已经普及了。因为国民训练的迫急,普鲁士最先把就学义务看得和兵役义务相同,而有"义务教育"一个名词。欧洲的小学校大都只为平民的子女而设,有身份或资产者的儿童是不进小学校,从小便入中学校而预备升大学的。因此,小学与中学成为双轨的、平行的系统。前者是民众教育(Education of the Masses)的系统,而后者是特殊阶级教育(Education of the Classes)的系统。

(2) 补习教育(Continuation Education)

满足了义务教育期限的青年必须加入生产的劳动了,却因为新的工具技术

---

[1] 傅孟真君以为我们现在的"学校教育,仍不脱士大夫教育的意味"。他说:"在封建时代,士一个阶级,不过是有统治权之贵族阶级的工具。试看孔二先生所教出来的那些门徒,还不是专找季氏、孟氏寻出路?战国末年,士人的地位高得多,然而士人用事者,终不如世卿贵门之数。自李斯相秦始皇,叔孙通相汉武帝[史载叔孙通为高祖相,定朝仪,似无相汉武之事],挟书射策之人,自然扬眉吐气。不过这些人才,都不是考试得来的;而考试得来的董巫师,几乎以乱说阴阳送了老命。魏晋南北朝,总是一个门阀社会。门阀中能读书,自然更有令誉;而专是读书的人,不能组织统治阶级。自隋唐以来,考试的力量渐大,故士人的地位渐高;至宋朝而统治阶级,除皇帝以外,皆是士人了……有这么样两千年的历史,故演成下列一个公式:'读书为登科,登科为做官。'一看中国的通俗文学,更觉得这个国民心理之根深蒂固。"(见孟真:《教育崩溃之原因》,载《独立评论》第 9 号[1932 年 7 月 17 日])

[孟真系傅斯年(1896—1950)的字,山东聊城人,著名历史学家、教育家。——编校者]

的使用,继续要求更多的知能,所以 19 世纪工业发展得顶快的德国,也顶早(1869 年)就施行了义务补习教育的制度。现在,德、英、美等国都有规定 18 岁以下的劳动青年,应受一部分时间的学校教育的法律。英法小学校毕业生稍微有一点资产的,还可以进一种略同于初中程度的学校。不过,这种学校也属于民众教育的系统,所以是只称高级小学校的。

(3) 成人教育(Adult Education)

生产技术不断地进步,劳动者也就不断地要受新的训练。英国于 1823 年就为成年劳动者设立"工人讲习所"(Mechanics' Institute)[1]一类的机关。民众知识水准的升高,又唤起了他们对于较高的学问的兴味,所以 1844 年,丹麦农人有了"民众高等学校"(Volkshochschule);本世纪[2]的开头,英国劳动教育协会(Workers Educational Association)[3],也大规模地推广了"大学导师班"(University Tutorial Classes)。[4] 最后,英美的工人对于知识学问有了强烈的要求,自动地组织了许多"劳动大学"(Labor College)。[5] 到了这时民众不复是被动的受教育者,而能够自动地自己教育自己了。

四、 民众教育的意义与范围

说到这里,我们可以给民众教育一个定义。

---

〔1〕 此处"工人讲习所"是指于 1823 年成立的伦敦机械学院(The London Mechanics' Institution),1920 年并入伦敦大学。——编校者

〔2〕 指 20 世纪。——编校者

〔3〕 今译作"工人教育协会",前身是由曼斯布里奇(Albert Mansbridge, 1876—1952)于 1903 年成立的促进工人高等教育协会(An Association to Promote the Higher Education of Working Men),1905 年更名为工人教育协会(Workers Education Association, 简称 WEA)。1913 年曼斯布里奇将 WEA 的分支建到了澳大利亚,随后加拿大、新西兰也先后建立了 WEA。至今 WEA 在这些国家都发挥着重要的作用。——编校者

〔4〕 1907 年,WEA 和牛津大学相关人员在伦敦会晤,之后成立了"WEA 中央合作指导委员会"(WEA Central Joint Advisory Committee),同时在 R. H. Tawney(1880—1962,伦敦大学经济史教授,20 世纪 30 年代派往中国教育考察团的重要成员之一,其关于中国问题的代表作是 *Land and Labour in China*)的参与下成立了三年制的大学导师班。——编校者

〔5〕 事实上这些所谓的"劳动大学"都是由大学兴办,旨在为广大工人和劳动者提供理论知识的课堂。水平相当于中等职业教育。——编校者

这很简单,民众既是大多数的人民,民众教育(Education of the Masses)[1]就是大多数人民的教育。

德语的"Volkserziehung"这个名词是在 1921 年顷开始应用的。可是教育学者的用法却至今还没有一致。如艾德博格(Erdberg)说:"民众教育;是于学校系统以外,以加广加深成人的教育为目的的一切尝试。"[2]拉伊(Lay)则把民众教育用来作没有年龄或任何其他区别的全体人民教育解释。[3]范围有广狭的不同,定义自然各别了。

艾德博格的定义太狭了。依着它的历史的发展,民众教育的范围以受教的年龄说,包括儿童、青年、成人各时期,并不以"成人"(Adult)为限;以施教的组织说,也包括学校、社会文化各机关,而不能把"学校系统"除外(Outside the System of State School)。而且民众教育的根本要求正在整个学校系统的民众化咧。

拉伊的定义当然指示出民众教育的最后的理想,但我们也不应当拿这理想来掩蔽了民众教育的现实性和特殊性。现在教育上最成为问题的,与其说是全体,不如说是大多数的人民。只要教育普及了,大多数人都已有少数人所有的教育机会,那么,民众教育也就不成怎样特殊的、严重的一个问题了。

以下三章,我们先要将各国民众在儿童、青年、成人各期,所已得到了的学校与社会教育,写出一个轮廓。

[1] 这名词中依据英国芬德利教授用的。(见 Findley, *The Foundation of Education*, Vol. Ⅱ, 1925, p. 319。)又晏阳初君以前把"平民教育"译为"Mass Education"。
[J. J. Findley, *The Foundation of Education*, Vol. Ⅱ, 1925, p. 319. New York: Henry Holt & Co. ——编校者]
[2] 见 *International Handbook of Adult Education*, p. 163,又见 Pinkevitch, *The New Education in the Soviet Republic*, p. 373。
[Albert P. Pinkevitch, *The New Education in the Soviet Republic*, New York: John Day, 1929——编校者]
[3] 见前书 p. 354,又李蒸君也说:"广义的民众教育是全民教育;狭义的民众教育,是失学者的基本补充教育。"(见《民众教育》,江苏教育学院 1927 年版,第 11 页。)

第二章
儿童教育

一、小学校

当作国民训练的小学教育,在欧洲,实在只是民众的儿童教育而已。德国的小学校就是被称为"民众学校"(Volksschule)的。幸运的阶级的子女并不进这种学校,却直接入了 Gymnasium, Lycee, Grammar School[1]一类的中等教育机关。小学和中学成为平行的系统,这是前章已说过了的。

美国以"自由人的家乡"自豪,她的学校制度没有像旧大陆那样阶级的显然的对立。美国小学校教育的是全国的儿童。它的形式和内容算是很平等的,特别是经过了教育者如杜威等的广大的宣传和改造以后。

杜威(Dewey, 1859—1952)的教育理论代表工业生产和民主政治两个主潮。他以为民主的社会有着"劳心"、"劳力"、"文化"、"职业"等截然划分的教育,那还是封建的遗迹,是不应该容许的。他在芝加哥的试验小学里,便利用儿童自发的活动,指导他们做成人社会的代表的劳作,因而训练成功一种合作互助的生活。[2]

---

〔1〕 分别是指德国的古文科中学、法国的国立中学和英国的文法中学。——编校者
〔2〕 见 Dewey, *The School and Society*, p. 111. 又参考邹恩润译:《民本主义与教育》[商务印书馆 1928 年版。——编校者]。
　　 [John Dewey, *The School and Society*, Chicago: The University of Chicago Press, 1915. 杜威著,赵祥麟等译:《学校与社会》,人民教育出版社 2005 年版,第 29 页。《民本主义与教育》(*Democracy and Education*)今译作《民主主义与教育》。——编校者]

所谓成人社会的代表的劳作,便是纺织、裁缝、烹饪、木工等的基本的生产技能。他把这些作为课程的中心,想把学校变成一个雏形的社会。

凯兴斯泰纳(Kerschensteiner, 1854—1932)在德国也做过同样的教育试验,并且创造了"劳动学校"(Arbeitschule)的一个名词出来。他的注重手脑并用,在劳力上劳心,和杜威相同。可是,他受着德国社会事实的限制。因为欧战前的德国小学生,既只有劳动者的子女,专对劳动者的子女去施行劳作中心的课程,自然失掉平民教育理论的一大部分的意义。[1]

到 1917 年俄罗斯革命[2]成功,真的把全国 8 岁至 12 岁的儿童学校一律称为"劳动学校"(Unified Labor School)[3]了。

二、 义务教育与童工

德国在平民主义的教育上虽然是落后的,但在严厉施行国民训练的义务教育一件事上,却真是一个先驱。普鲁士在 1763 年就以法律规定了 6 岁至 14 岁的八年义务教育。此后,英国于 1876 年,法国于 1882 年,美国于 1852 至 1889 年(Massachus ets. 等 25 州),都先后制定义务教育法律。这种法律,今日被称为文明的国家已没有一国没有了。

普通免除就学义务的年龄是 14 岁,但学校教育的期限却有长短的参差。英国是 9 年(5 岁至 14 岁);美国的若干州,德、奥、比、捷克、瑞士都是 8 年(16 岁至 14 岁);丹麦、挪威 7 年(7 岁至 14 岁)。

也有以 13 岁为免除就学义务的年龄的,如法国义务教育 7 年(6 岁至 13

---

[1] Pinkevitch 说:"凯兴斯泰纳在著作里,时常征引杜威的理论而加以赞许,这是不足为异的。杜威虽然是进步得多的一个,但他们俩的根本见解,没有什么不同,都是代表伟大的市民,而想适应各自的社会需要的。不过,一个更反映着美国的进步的民主政治,一个还在顾着霍亨索仑王朝罢了……尽管这样,杜威所提出的很多有价值的意见,和记载的很多有意义的试验,是值得我们研究的。"(见 *The New Education*, p. 173。)

[2] 即 1917 年"十月革命"所建立起来的苏维埃俄国。——编校者

[3] "劳动学校"(Unified Labor School)于 1918 年以法律的形式规定而成立,并持续到 1931 年。——编校者

岁);瑞典 6 年(7 岁至 13 岁)。

更有只以 12 岁为免除就学义务的年龄的,如意、日的义务教育 6 年(6 岁至 12 岁);苏联 4 年(8 岁至 12 岁)。

法律是法律,事实是事实。不止一国如此,民众中间,即儿童也不易脱离生产的劳动,这到底是事实呀。工厂组织愈扩大,童工的被榨取也来得愈厉害,终于引起各国工人集团的抗议。英国在 1876 年通过义务教育法律的时候,却早顾到这一点,所以同时制定禁止童工雇用的法律。1919 至 1921 年间,国际联盟的国际劳动局(International Labor Office)所主持的几次国际劳动会议,决定以 14 岁为儿童雇用法定准许年龄,订了一个《国际公约》。这公约在 1928 年已有 15 国盟员批准签字了。1924 年,国际联盟的第五届大会还曾通过一儿童权利宣言,称为《日内瓦宣言》(Declaration of Geneva)。这是一部分世界公意所加于民众儿童教育的一个保障。

依最近各国的法律,儿童雇用准许的最低年龄,英、美、德、奥、比、捷克、瑞士、丹麦、挪威都是 14 岁,法国是 13 岁,意、日是 12 岁。[1]

三、 幼稚园、婴儿园、托儿所

这里,我们联带地说到了幼稚教育。

读者看着中国小学教育的还没有民众化,会想幼稚教育不是离开民众更远了么? 不,欧洲的婴儿园、托儿所等教养机关,几乎全是为工人的幼儿而创始的。幸福者的子女是有着幸福的家庭,家庭才是他们的自然的乐园,倒无需乎托儿所之类的。

第一个贡献他的生命于 6 岁以下的幼儿教育的,谁都知道是 19 世纪中叶的福禄培尔(Froebel)。这带着很神秘的唯心主义教育者,确是没有意识着民众生

---

[1] 参考 *Encyclopedia of the Social Sciences*。

[David L. Sills(Eds.), *International Encyclopedia of the Social Sciences*, London: Collier Macmillan Publishers, 1930. ——编校者]

活的严重的现实的,虽然他的"幼儿园"的理论和方法,也已经在世界教育上刻印了模糊不掉的痕迹。

蒙台梭利女士(Montessori),始于 1907 年在罗马贫民窟里设立一个"儿童之家"(Case dei Bambini)。为着工人妇女的终日劳动,幼儿教养的负责无人,也为着工人区域的环境的恶劣、污秽,她的学校正开在一所工人住屋的中间。她收受 3 岁至 6 岁的工人婴儿,用她以前训练低能儿的经验,指导他们的游戏和工作。"儿童之家"所充满的洁净、活泼、聪明、严肃,在工人之家的暗影里透射出分外的光辉来。[1]

麦克米伦女士姊妹(Rachel and Margaret MacMillan),则于 1914 年在伦敦贫民窟 Debtford 设了一个婴儿园(Nursery School),[2]她们收的是 3 岁至 5 岁的幼儿;给与他们的首先是"大地、日光、空气、睡眠、营养、爱与快乐"。所以园里必须有浴着日光的广场,轻便而可以自由搬动的用具,以及花卉、树木、鸟兽、虫、鱼的设备。婴儿园本来是私人的经营,到 1918 年费舍《教育法案》(*Fisher Education Act*)规定地方政府应辅助婴儿园的设立后,才取得整个学校系统上的地位。在美国,还是"幼稚园"盛行。1919 年纽约才有英国式的"婴儿园"的试验。

幼稚教育机关在其他各国名称也不一致。德、奥沿用着"Kindergarten",法国称为"Ecole Maternelle",比国又称为"Ecole Gardienne"。苏联则各工厂和职工联合会都有"幼稚园"、"儿童游戏园"、"托儿所"、"暖室"(Children's Hearths)等的设置。

---

[1] 参考 Montessori, *The Montessori Method*。
[Maria Montessori, *The Montessori Method*, translated from the Italian by Anne E. George, New York: Frederick A. Stokes Company, 1912. ——编校者]
[2] 参考 Ballard, *The Changing School*; Owen, *The Nursery School Education*。日本长田新教授巡礼了这学校后,这样赞叹说:"两手空空而且是柔弱的女子所创办的这种事业,其如何困难,是可以推想的。但麦女士姊妹所以一点也不懈怠者,全是受着在她们俩胸中燃烧着的人类爱的精神及甘愿做贫穷者之友的一片赤心的催促。"所作视察记,很可看。(见任白涛译:《改造中的欧美教育》[商务印书馆 1926 年版。——编校者]。)
[Philip Boswood Ballard, *The Changing School*, London: Hodder and Stoughton Ltd., 1925; Grace Arlington Owen, *The Nursery School Edcuation*, London: Methuen & Co., Ltd., 1920. ——编校者]

"托儿所"(Day Nursery)最初是工人儿童的一种幸福设施,在法、比称为 Creche。工人妇女于清晨入厂的时候,把很幼小的孩儿抱给保姆,只要是健康的,便留下来;洗过澡,换上洁白的衣裳,一天的保育责任是保姆负着了;到母亲出厂,再去领归。幼儿在那里得到清洁的空气、适当的食物和睡眠。较大的孩子也有游戏和运动。英美近 30 年来托儿所事业发达得很快。全国托儿所联合会,在英有 National Society of Day Nurseries(117 Picadilly, London)[1],刊物名 *Creche News*;在美有 National Federation of Day Nurseries(105 East 22nd. St., New York City)[2],刊物 *Day Nursery Bulletins*。

---

〔1〕 National Society of Day Nurseries 成立于 1906 年,1942 年改名为 The National Society of Children's Nurseries。——编校者
〔2〕 1895 年由 Josephine Dodge 夫人建立并担任第一任主席的 The Association of Day Nurseries of New York City, 1898 年改名为 The National Federation of Day Nurseries,并由她继续担任主席一职。——编校者

第三章
青年教育

一、 中学校

欧洲的许多国家和日本,它们的小学与中学是双轨的、平行的系统,这是一再说过的了。从小学到补习学校,或高级小学,或职业学校,是"民众教育"的系统。至于如德国的 Gymnasium,法、意的 Lycee,英国的 Public or Grammar School,都不是民众中间的青年所能问津。小学和中学的区别不在于学生的年龄,德、法市民的子女,10 岁就入中学了;也不全在于学业的程度,英、法民众儿童所进的高级小学至少相当于我们所谓初级中学了。一个小学毕业生就是要受全部时间的教育,也只能够入高级小学,而不能入中学,为的是身份和资产的限制。[1]

美国的初级中学学生的平均年龄是 12 岁至 15 岁,凡没有达到法定的免除义务就学年龄的青年,是必得进中学的。初中,这样是民众教育系统的一部,和欧洲的中学性质显然不同。就是高中分设各种职业训练和升学预备科,在理论上也是民众的。不过大多数的人民的子女,没法去享受罢了。据中等教育专家

---

[1] 见 Douglass, *Secondary Edcuation*。
[Hark R. Douglass, *Secondary Education for Youth in Modern America*, Washington D. C. : American Council on Education, 1930. ——编校者]

康茨(Counts)的调查[1],中学生家庭的职业以资产者、自由职业、商业经理等占绝对的多数,普通劳动则占了极少数。

苏联的青年教育与前述各国制度都不相同,以下只说明一个大概[2]:

上章已经提到,苏联 8 岁至 12 岁的儿童一律入劳动学校。这只是劳动学校的初级,它的毕业生继续全日的、半日的或一部分时间的学校教育。全日的有中级劳动学校,这又分为前期(12 岁至 15 岁)和后期(15 岁至 17 岁),后期毕业的便可以升入大学。中级劳动学校略似别国的中学,虽则它是完全免费的,但也有一点限制:就是凡雇主和商人的子女,必须纳费才能入学。半日的或一部分时间的有职业学校、青年工人学校和青年农人学校。这都是为 12 岁至 15 岁的青年而设,不独在年龄上,并且在学业程度上,必得相当于中级劳动学校的前期。在这些学校修业终了,可以继续入职业专科学校,在那里也得到升入大学的机会。说来似乎复杂,读者如参阅下章第五节的苏联学校系统图,便自然明了。

苏联职业学校和工厂附设的青年工人学校,目的在给予青年以生产技术的直接训练。它们的教学固然是与工场劳动密切地联系的,但同时也必须包含中级劳动学校前期的普通教育的内容。学生每日的工场劳动,在第一、二年级,不得超过 4 小时;在第三年级,不得超过 6 小时。

青年农人学校给予贫农、雇农的子女以农业经济的训练,它的目的重在开明农人的主力分子,使熟练于农业技术、合作组织和苏联的经济政策。

介于上述三种学校与大学之间,有职业专科学校,这是为 15 岁以上的青年

---

[1] 见 Cunts, *The Selective Character of American Secondary Education*。
[George S. Cunts, *The Selective Character of American Secondary Education*, *Chicago*: The University of Chicago Press, 1922. —编校者]
[2] 关于苏联教育,参考:
Blonsky, *Education in U. S. S. R.* (*Education Yearbook*, 1927).
[Paul Blonsky, Education in USSR, *Education Yearbook*, New York: Columbia University Press, 1972. ——编校者]
Pinkevitch, *The New Education in the Soviet Republic*.
[Albert P. Pinkevitch, *The New Education in the Soviet Republic*, New York: John Day, 1929. ——编校者]
Woody, *New Minds: New Men?*
[Thomas Woody, *New Minds: New Men?* New York: MacMillan Co., 1932. ——编校者]

而设,训练各种中等技术、经济组织的成员的。修业年限三年至四年。特别要注意的是它同时也必须包含中级劳动学校后期的普通教育的内容。这一点,苏联教育者认为有很大的政治意义。因为他们的工农,人人要行使政治的权能,负起政治的责任,像欧美各国职业学校所施行的狭隘的劳动训练是决乎不够的。职业专科学校的种类,主要的有医科、教育科、艺术科、农业经济科、工业经济科等。

二、 补习学校

现在,我们要讨论到苏联以外各国所谓"补习教育"(Continuation Education)的制度了。

补习教育系指从法定免除就学年龄(普通是 14 岁)到 18 岁的青年,所受的义务的(Compulsory)或自由的(Voluntary),日间的或夜间的学校教育。受这种教育的人自然都是青年职工;教育的内容也常偏重于职业的补充训练,尤其是在德、美、日等国。所以有时这种教育也被归入于"职业教育"(Vocational Education)的范围。以下我们把几个国家的补习教育情形逐一地叙述。[1]

(1) 德国

补习教育最先发展的是在德国。1869 年,普鲁士已经有 18 岁以下的青年

---

〔1〕 关于补习教育,参考:
Encyclopedia of the Social Sciences.
[David L. Sills(Eds.), *International Encyclopedia of the Social Sciences*, London: Collier Macmillan Publishers, 1930. ——编校者]
Education Yearbook.
[New York: Columbia University Press, 1926. ——编校者]
Waterfall, *The Day Continuation School in England.*
[London: George Allen & Unwin, 1923. ——编校者]
Jones, *The Continuation School in The United States.*
[*U. S. Bureau of Education Bulletin*, 1907, Washington D. C. ——编校者]
Keesecker, *Laws Relating to Compulsory Education.*
[*U. S. Bureau of Education Bulletin*, 1928, Washington D. C.: GPO. ——编校者]
Best and Ogden, *The Problems of the Continuation School.*
[Best & Ogden, *The Problems of the Continuation School and Its Successful Solution in Germany*, London: P. S. King & Son, 1914. ——编校者]
Keller, *Day Schools For Young Workers*;
任白涛译:《最近各国补习教育》[启智书局 1929 年版。——编校者]

一律入补习学校(Fortbildungs schule),每年至少受课 240 小时的法令。雇主或营业主不以受课必要的时间给予职工者,被处 20 马克以下的罚金或三日以内的拘留。补习学校照生产劳动的种类,分工业、农业、家事等科;授课都在日间。19世纪末叶,德国产业的突进是和补习教育很有关系的。欧战[1]以后,德意志《联邦补习教育法》更规定凡 18 岁以下的青年,应受义务的补习教育,每年至少受课 320 小时。补习学校则改称为职业学校(Berufs schule)。近年因经济的恐慌,此项法律除 Saxony, Thuringia, Anhalt, Brunswick, Hamburg[2]外,许多地方都没有完全执行。但据坎德尔(Kandel)说,在失业问题严重的时候,义务补习教育法反会执行得严厉些,以预防失业青年的动乱。

奥国[3]、捷克、瑞士的补习教育制度和德国的大体相同。

(2) 英国

从 1851 年起,英国政府以国库补助金支给小学校,开设夜间补习班(Continuation Classes)。其办法,自 9 月至 3 月份,每周授课 3 次,每次 2 小时。欧战后补习教育的呼声忽高,1918 年《费舍教育法案》(*Fisher Education Act*)乃规定 14 岁至 18 岁为义务补习教育期间。在这期内,青年职工每年至少受课320 小时;授课应在日间或夜间 7 点钟以前。父母或营业主怠于履行义务者,处以 2 镑以下之罚金;二回重犯者,处以 5 镑以下之罚金。因为 1921 年的经济恐慌,这法律始终没有实行。现在英国通行的补习学校,还都是在夜间授课。日间学校虽也有,不过是自由的 Voluntary day Schools,而不是义务的。

(3) 美国

美国的义务补习教育以 1909 年在威斯康辛州开始。那时的办法是 16 岁以下的青年应于日间每周受课 4 至 6 小时。战后受了德国和英国《费舍教育法案》的影响,又因为 1917 年联邦立法院通过的《史密斯-休斯职业教育法案》(*Smith-Hughes Vocational Education Act*)的促进,补习教育事业始有长足的发展。这法案规定:每

---

〔1〕 即第一次世界大战。——编校者
〔2〕 即萨克森、图林根、安哈尔特、不伦瑞克、汉堡。——编校者
〔3〕 指奥地利。——编校者

年由国库支出 700 万以上金圆,补助各州的职业教育,并以其中 1/3 的经费专用于 14 岁以上 18 岁以下的青年补习教育;于华盛顿设置联邦职业教育局(Federal Board for Vocational Education),为调查、设计、分配款项、审查报告的总机关。现在联邦内有 27 州已各自制定义务补习教育的法律,年期达到 18 岁为止的,11 州;只限 17 岁以下的,3 州;只限 16 岁以下的,13 州。授课在日间,每年平均为 144 小时。父母或营业主违犯法律的,科以 100 圆以下 125 圆以上的罚金,或 10 日以下的拘留。

(4)法国

在补习教育上,法国比起上述各国来,稍微落后。为 13 岁免除就学义务了的青年而设施的所谓"后期教育"(Enseignement Postscolaire),以前只有自由的"补习班"(Cours d'adultes),并没有义务的规定。1917 年后,曾有几次制定义务补习教育法律的尝试。起初是维维亚(Viviani),后来是迪科(Ducos)所提出于国会的法案,拟定以 13 岁至 18 岁为义务补习教育年期,每年至少授课 300 小时,但都不能够通过。1919 年所通过的《阿斯蒂尔》法案(Louis Astiers),则仅规定都市工商业的青年在 18 岁以下的,有继续受补习教育 3 年的义务。为他们所设的"义务职业补习班"(Cours Professionnels Obligatoires),每年授课 200 小时;修业期满,给予职业教育证书(Certificat d'aptitude Professionnelle)。

(5)日本

在日本,寻常小学校毕业后无力升学的 12 岁的青年,有实业补习教育。《实业补习学校规程》在明治时代已经颁布了。照 1920 年(大正九年)修正的规程,要点如下:实业补习学校分前期、后期。其修业年限前期 2 年,后期 2 年至 3 年,(后期入学资格,为修完前期或高等小学校毕业者);授课时数,前期每年至少 280 小时,后期 210 小时。为修完后期而有相当的学力或技能者,还可以设高等实业补习学校,其修业年限、授课时数,则"依学科之种类,地方之情况,适宜定之"。在 1917 年临时教育会议里已曾通过"特别奖励实业补习教育之普及,并从速使之成为全部或一部之义务教育"的决议。可是,因近年"经济国难"的加深,义务的补习教育还不能够实现。

第四章
成人教育

一、 识字学校

所谓"成人教育"(Adult Education)，在义务补习教育实行了以后，当然指 18 岁以上的人们所受的相当于高等教育程度的学校或社会教育而言了。

但成人学校的开始，却远在任何义务教育施行之前。所以像 18 世纪英国的"成人学校"(Adult School)也不过是一种识字学校而已。

1786 年，英国伯明翰市(Birmingham)始有成人学校。跟着，1788 年，诺丁汉(Nottingham)也设立了。19 世纪初，成人学校已经成为全国的运动。识字以外，也渐教学着简单的 3R(读、写、算)，正与中国今日的"民众学校"相仿佛。到教育普及，它的使命告终，这种学校也就失了它的存在的理由了。

现代世界上进步的国家已没有文盲。1927 年在加拿大举行万国教育会议的时候，有人发表统计各国文盲的结果：[1]无文盲的五个国家是德国、瑞士、丹麦、挪威、瑞典。文盲占全人口不到 8% 的 5 个国家是：

英　0.8%

日　4.0%

美　6.0%

---

[1]　见 *Proceedings of the Second Biennial Conference of Word Federation of Education Associations*。[Washington D. C. ：National Education Association，1927. ——编校者]

法　6.9％

比　7.9％

文盲最多的国家,或民族是:

中国　80.0％(约计)

印度　87.4％

埃及　87.7％

有着最古老的文明,最悠远的历史的民族,为什么倒变成文化的落伍者? 这书第一章里已提示着这个问题。读者的答案是什么呢?

另外,有两个国家先前也有很多的文盲,近年努力于民众的教育,竟已把文盲减少到最低的可能了,那便是土耳其和苏联。土耳其改革文字后,1930 年的统计,文盲只占人口的 8.5％。苏联于 1917 年文盲占到 68％。所以乌里扬诺夫[1]焦心地说:“识字不只是一个政治问题,实在是一个政治条件。文盲是政治圈以外的人。不识字,便不会有政治,只有谣言、传说、迷信。”他的原定的计划,要在革命十周纪念日,宣布文盲廓清的成功。但到了 1927 年,除工人、军队里,已没有文盲外,农人不识字的还是很多,文盲占人口的 10.87％。随着五年计划的进展,说是在 1933 年,文盲真的可以廓清了。

二、劳动教育协会

现在,我们再回到成人教育发源的英国。

1903 年成立的劳动教育协会(Workers Educational Association),是几个重要的运动的合流。这是先要叙述清楚的。

(1) 知识促进会(Society for Diffusion of Useful Knowledge)

19 世纪的初叶,工人问题渐被绅士们感觉了。布鲁汉姆(Lord Brougham)贵族发起这会,专为刊行工人读物,改正工人观念的。那时出版的《图画圣经》

---

[1] 弗拉基米尔·伊里奇·列宁(Владимир Нльич Ленин),原名弗拉基米尔·伊里奇·乌里扬诺夫(Ульянов)。——编校者

(*Pictorial Bible*)、《一文杂志》(*Penny Magazine*)等销场也很不坏。更有摩尔女士(Hannah More)在矿区 Mendip 设立了一所工人学校,也发行《廉价文库》(*Cheap Repository Tracts*)多种。连政府也拨款定购,以备广布于劳动者中间。

(2)工人讲习所(Mechanics' Institute)

这是格拉斯哥大学物理学教授伯克贝克(Birkbeck)所创。伯克贝克是个和蔼的热情的人,喜欢和下属群众谈谈的。为监造自己的物理仪器,也常常出入于工场,他的讲谈引起了工人的兴味,竟于 1823 年辞却教授之职,跑到伦敦开设了一个工人讲习所。在他,这是一种新教育事业的大胆的尝试。但不久,许多企业家看出这和工人的生产效率有关,倒大家提倡起来了。30 年中开遍于各大都市,听讲者达 10 万人。美国也仿照这办法而有工人讲习所的设立了。

(3)民众大学(People's College)

第一个工人高等教育机关是 1842 年贝利(Bayley)在设菲尔德(Sheffield)所创的民众大学。这时,劳动者的意识已经觉醒了。1848 年是世界革命史上留着许多纪录的一年。是年,英国工人发生了空前的普选运动。伦敦有 600 万工人署名的"民权请愿书"(People's Charter)要送达国会,并举行盛大的示威。政府动员了全部宪警,才把这骚动镇压下去。普选运动失败后,领袖的人物都感工人知识力量的薄弱,有名的基督教社会主义者,如金斯利(Kingsley)、莫里斯(Maurice),遂开始工人高等教育的宣传。莫里斯就于 1854 年在伦敦创立工人大学(Working Men's College);1899 年,美国人弗鲁曼(Vrooman)、比尔德(Beard)也在牛津设了一个罗斯金学院(Ruskin College)。[1]

(4)大学推广(University Extension)

同时,"宫墙数仞"的贵族学府,也喊出"大学到民间去"的呼声来。1873 年,斯图亚特(Stuart)在剑桥大学开始大学推广运动。他的办法是所谓"巡回讲演制"(Local lecture system)。由大学派出讲师到各地方作短期的系统讲演,每种讲演,普通为 6 次至 12 次;每次讲演后举行一个讨论;全部结束,也有一个考试。

---

[1] 罗斯金是英国的一个文豪。为什么这工人学院题名纪念他,看过厨川白村《出了象牙之塔》便明白了。

讲演的范围,包括历史、地理、经济、自然科学、文学、艺术等。牛津大学也于1878年仿行,有名的教育者萨德勒(Sadler)是尽了不少的力的。[1]

在这样的空气里,汇合这各种的潮流,劳动教育的领袖曼斯布里奇(Mansbridge)便于本世纪的开头,有劳动教育协会(缩写 W. E. A.)的组织。曼斯布里奇原是工人出身,以宣传著作膺了几个大学的荣誉学位,和大学的关系素来很深。他的协会,办的就是所谓"大学导师班"(Univesity Tutorial Classes)。他先在各地方成立了协会的支部,办理广告、招生、收费,以及其他许多事务,然后由大学供给讲师,去讲授各种学程。每一学程由讲师发给教材大纲(Syllabus),指示阅读书籍,每星期集会一次,讲演一小时,讨论一小时,以3年作一段落。3年之中,学生须按期听讲,并做写作的练习,到终了的时候,经过考试及格,给予证书。所以实际上,协会不过帮着大学推广它们已有的推广事业罢了。它的教育主张,注重工人教育的精神性和中立性,这是它所以会得到大学以及上述一切机关的赞助,也是它后来又遭激进的劳动大学派反对的缘故。

1928年调查,英国劳动教育协会已有支部3176处,大学导师班的学生17 000余人;发行月刊《大路》(*The High Way*,通讯处16 Harpur St., London)。

三、 劳动大学

1909年,牛津罗斯金学院突然地起了风潮。这时学院已不是早已回美去了的弗鲁曼等的经营,而是由一个董事会管理着了。风潮的原因是学生不满意于一个经济学教师的学说,而另和毕业同学合组平民同盟(Plebs League),自动研究起来。院长赫德(Hird)为同情于学生,而被董事会解职,激成了全体的罢课。这一班学生以平民同盟为中心募集捐款,于1910年在伦敦另设了一个劳动大学(Central Labor College)。住院的学生虽仅几十人,但因分校、通信、出版等活动,

---

〔1〕 美国大学推广,起于1891年。它的事业范围,比英国更广大得多。包括系统学程(夜间授课,学分正式承认)、暑期学校、通信教授、农业与家事指导等。州立大学都有这种事业,尤以威斯康辛、加利福尼亚为最者。1914年,成立全国大学推广联合会(National Association of University Extension)。

在工人中间已有很坚固的势力。后来，苏格兰也有劳动大学。它们于 1921 年又合组全国劳动大学联合会（National Council of Labor Colleges, 缩写 N. C. L. C.），主张工人教育独立，自办学校，自编教科书，恰与劳动教育协会相对抗。发行月刊《平民》（*The Plebs*，通讯处 15 South Hill Park Gardens, London）。

于此，我们也略述美国和日本的劳动教育的状况。

美国的全美劳动同盟（American Federation of Labor）是保守的集团。它是熟练工人的组合，只以减少工作时间，排斥不熟练的与外来侨工为目的，对于教育，并没有什么主张。它所有的教育活动集合于一个劳动教育局（Workers Educational Bureau），但这也不过是宣传和搜集材料的机关，并不像英国劳动教育协会有事业的活跃。劳动教育局发行刊物《劳动者的教育》（*Workers' Education*，通讯处 474 W. 24th St., New York City）。

另外，如纽约的工人大学（Workers University）、兰特社会科学学校（Rand School of Social Sciences）[1]；波士顿的工联大学（Trade Union College）[2]；卡托纳的布鲁克伍德劳动大学（Brookwood Labor College）[3]；芝加哥的赫伯大学（Hobo College）[4]，那是和英国的劳动大学，属于一派的了。纽约的社会研究学校（New School for Social Research）[5]则是比较超然的学术研究机关。

日本东京的劳动学院，为大正八年（1919）粟野谷藏主持的日本劳动教育会所创办，大阪劳动学院继之。它们唱着协调主义，多与所谓协调会有关。至于日本劳动总同盟，以铃木文治、安部矶雄等为理事的劳动者教育协会，另于大正十三（1924）年在东京设日本劳动学校，神户、大阪等劳动学校又继之。木村盛尝说，劳动学校有"七难"——教授法难、讲师难、校舍难、设备难、维持难、学费征收

---

〔1〕 兰特社会科学学校（Rand School of Social Science）是由社会主义党（Socialist Party）于 1906 年在纽约创立，关闭于 1956 年，主要为工人提供广泛的技术教育。1917 年到 1956 年，学校校址位于东 T 区 15 街的曼哈顿工会广场附近。——编校者
〔2〕 指的是于 1903 年成立的 The Nation Women's Trade Union League of America（NWTULA），总部设在波士顿，其旨在为妇女争取平等的权利。1950 年该组织解散，随之学校停办。——编校者
〔3〕 位于纽约卡托纳的布鲁克伍德大学建立于 1921 年，1937 年关闭，是美国历史上第一所劳动大学。——编校者
〔4〕 该大学是由本·瑞特曼（Ben Reitman）发起并于 1908 年在波士顿建立。——编校者
〔5〕 成立于 1919 年，位于纽约格林威治村。——编校者

难、就学者的冷酷难,我们可以想见其不振。而劳动学院与劳动学校的旗鼓相当,也有些英国 W. E. A. 与 N. C. L. C. 对立的情形。

四、 丹麦民众高等学校

我们于各国的工人教育既已得了一个鸟瞰,现在当对于丹麦的特殊的农人教育,也作一个概观。

丹麦于 19 世纪中叶战败以后,又加以谷物失去了欧洲的市场,农村经济濒于绝境,这才促成了一个复兴的运动。她改革了土地制度,采用了新的农业生产技术,努力推行了合作组织和农业科学教育,在这许多变动中,民众高等学校,崭然地露了它的头角。

民众高等学校(Volkshochschule)的创始者格龙维[Grundtvig,(1783—1872)],是一个宣教师和爱国者,少年时编撰了许多丹麦的神话、民歌,曾给农人们这样歌唱:

> 贫也好,贱也好,
>
> 我们大家是神的儿女,
>
> 奋起,奋起,
>
> 我们的希望,随着飞鹰飞舞。

到底因为他的思想在那时代还嫌过分的自由,被攻击而离了主教之职。他下半世的生活——他是享着 90 岁寿考的人——便是为民众教育奋斗的生活了。但他是一个理想家,假使没有受他感动的许多弟子的实行,他的理想未必会得到那样充分的表现。第一个民众高等学校[1],便是他的弟子柯尔德(Kold)于 1844年在罗亭村(Rodding)设立的。

民众高等学校的办法,可以归纳为下列十点:

---

[1] 即 Folkehojskolo 或 Volkshochschule 或 Folk High School。——编校者

1. 这是专为 18 岁以上的成人男女而设，是一种相当于大学的民众学校。

2. 学校是私人的经营，学生须纳学费，虽然也接受政府的补助金，但以不受干涉为条件。

3. 学校都设在农村。

4. 教育目的，在以教师人格的力量，活泼泼地引起学生对于知识、理想、欣赏上的要求，以造成乡村的新的文化。

5. 每年分两个学期：11 月 1 日至 4 月 1 日，五个月是男生的学期；5 月 1 日至 8 月 1 日，三个月为女生的学期。

6. 学科是文化的、非职业的，特别注重丹麦文学、歌谣、宗教、历史、音乐等科。（丹麦农村，另有政府设立的很好的农业学校，施行生产与合作的训练。否则生产力不发展，农人还哪里有钱上学呢？这一点，我们该加以注意。）

7. 教师的选择，以人格和热忱为标准，不拘学历资格。

8. 教学的方法，摈除书本，而利用教师的"活的语言"（Living word）以及学生的自由讨论。

9. 学业绝对自由，废止考试和毕业。

10. 学校生活，重在教师与学生的共同起居、共同饮食、共同作息。教师是学生的引导者（Guide）、思想者（Philosopher），也是他们的侣伴（Friend）。

从罗亭学校的开设，到 19 世纪的末年，丹麦已有民众高等学校 53 所，学生 5300 余人；1927 年的调查，则校数已增至 57 所，学生 8300 人了。

现在民众高等学校已不限在丹麦，也是瑞典、挪威、德国、捷克等通有的一个成人教育机关。德国《联邦宪法》第 148 条有政府应负责促进民众教育，包括民众高等学校的规定。不过德国的民众高等学校，多有为工人而设在都市的，视丹麦的专为农人而设在乡村，也有一点不同。

五、 苏联成人学校

为了它的特殊性，苏联的成人教育也有在这里简略地说明的必要。

苏联的教育政策揭着以下三大纲领：(1) 教育儿童，使能创造新的社会秩序；(2) 教育成人，赶速地扫除文盲，并使理解新的社会秩序；(3) 发展联邦内各个民族的特有的文化。成人教育是被看作与儿童青年教育有同等的重要，而同列在整个的学校系统以内的。平克维奇(Pinkevitch)说："成人教育，是全部或一部完足了初等教育的人们继续所受的生产技术或政治文化的训练。这自然地分成两个部分，就是：职业的与政治的。"[1]下图里的"成人学校"与"政治学校"便分别担任着这两种不同的职能。只有"工人学院"(Rabfacs)需要一些解释。这是帮助工人升入大学的一个四年制的临时学校，为的一方面要培养劳动者的学术分子，而一方面劳动者又缺乏大学教育必备的知能，所以设了这种夜间补习和预备的临时学校。

研究院	政治大学	政治学校（中级）	政治学校（初级）	政治识字学校	识字学校		成人
		成人学校（中级）		成人学校（初级）			
		工人学院					
	大学	职业专科学校	青年农人学校	劳动学校（初级）	幼稚园婴儿园	婴儿教养	儿童与青年
			青年工人学校				
			职业学校				
		劳动学校（中级后期）	劳动学校（中级前期）				
22—	17—22	15—17	12—15	8—12	3—8	—3	

注意：上方年龄与成人教育无关。

六、 塞特耳曼特

从这一节起，我们将略述各国成人的社会教育了。

---

〔1〕 参见平克维奇(A. P. Pinkevitch)著，李谊译：《苏联新教育之一般理论》，载《教育杂志》第22卷第8号(1930)。——编校者

塞特耳曼特,是 Settlement 的音译。[1] 它的事业有些和我们的民众教育馆相似。[2] 但有时并不以教育为主体,而惟着力于一般社会生活的改良。故又有"教育的塞特耳曼特"与"社会的塞特耳曼特"之分。

第一个塞特耳曼特是英国巴尼特(Barnett)于 1884 年在伦敦所创,称为汤恩比馆(Toynbee Hall)。[3] 接着有牛津馆(Oxford House)、剑桥馆(Cambridge House)、女子大学塞特耳曼特(Women University Settlement)。这些实在只是大学生于聚处的地方经营成人学校、大学导师班、工人学校等的教育事业的。到 1902 年设立的伍克布鲁克馆(Wocdbrooke Hall),1909 年的菲尔克劳夫特馆(Fircroft Hall),则仿丹麦民众高等学校的办法,而是农人、工人的固定的教育组织了。全国有教育塞特耳曼特协会(Educational Settlement Association),发行季刊 *The Common Room*(通讯处 150 Southampton Row, London)。

美国最早的塞特耳曼特,是科伊特(Stanton Coit)游英,受了巴尼特的感动,于 1886 年在纽约所设的爱邻馆(Neighborhood Guild)。[4] 后来芝加哥有赫尔馆(Hull House 著名的亚当斯女士 Jane Addams 的毕生经营)[5] 和西北大学塞

[1] Settlement 原是殖民地,居留区的意思。因为它在都市里,不好叫做"新村";又怕与别的意义混淆,不能译为"公社"。还是就照日人的"セットルメント"音译罢。
　　[Settlement 源自 19 世纪末期的"睦邻组织运动",又称之为"社会公社运动"(The Social Settlement Movement & Neighborhood Centers)。当时英国正处于工业化和都市化的初期,Settlement 的建立旨在使人的良知与道德得以保存。Settlement 一词如今多译作"社区",即一种多元的社区组织,目的是使社区成员相互认识并学习新知识和技能,改善某些家庭的贫困状况等。——编校者]
[2] 民众教育馆,各国无一定的名称。如杜威书中描写的 House of Popular Culture,自然是最理想的。(见 Dewey, *Characters and Events*, Vol. I, p.390. [New York: Henry Holt & Co., 1929.——编校者])美国纽约有基金 142 万圆的私立库伯学社(Cooper Union),英国又有一种 Polytechnics(只限于伦敦)都是以成人高等教育为主,也带着民众教育馆的性质。
[3] 汤恩比馆是早期社区形态之一。之所以取名为汤恩比,是为了纪念献身 Settlement 教育而英年早逝的巴尼特的学生汤恩比(Toynbee Arnold)。其主要内容是解决工业化,以及社会化所产生的新兴问题,特别是贫穷问题。——编校者
[4] 美国的社区教育运动(Settlement House Movement)最早是由科伊特(Stanton Coit)参观过由巴尼特建立已有两年历史的汤恩比馆之后,于 1886 年在纽约(No.146, Forsythe Street)建立的,起初只有两个小房间,其旨在帮助并组织贫穷的劳动者训练,学习并找到工作,推动社会的进步。——编校者
[5] 建立于 1889 年。——编校者

特耳曼特[1]。1928 年调查,全国塞特耳曼特约 600 所。它们的活动包括健康、经济、教育、美化、社交、救济等多方面;其主旨不外供给邻居的工人以一个机会,集合起来,也和知识分子接近起来,以友爱的相互了解,共谋社会生活的幸福。

日本又受了亚当斯女士的影响,于明治二十九年(1896)即有冈山的博爱会。其次,明治四十四年(1911),有东京的有邻园。大正十三年(1924),有东京帝国大学塞特耳曼特。此后,大阪、横滨等处的爱邻园、亲邻馆、邻保馆便繁兴了。[2]

1922 年,21 个国家的代表在伦敦举行了第一次国际塞特耳曼特会议。

七、 图书馆

古代的图书馆,或者属于教堂、大学,或者属于皇室、私人,都不是民众所能享用的。1850 年,英国国会才通过尤尔特法案(Ewart Bill)[3],规定人口10 000以上的市镇得征收特税建筑公共图书馆。同年,美国波士顿图书馆长蒂克纳(Ticknor)也努力提倡图书馆的民众化。但像今日的以图书无偿的、自由地借出,并且分布、输送于工厂、农村的广大的读者,那是本世纪才发现的事。

---

〔1〕 即 University Settlement,建立于 1891 年。——编校者
〔2〕 Zelenko 与 Shatsky 于 1905 在莫斯科创塞特耳曼特,也是受了亚当斯女士的影响。见 Wilson,
Nwe Schools of New Russia。这段记载,极饶趣味。
[L. W. Wilson, *The New Schools of New Russia*, New York: Vangaurd Press, 1928. ——编
校者]
[Alexander Ustinovich Zelenko(俄语名 Александр Устинович Зеленко, 1871—1953),苏俄建筑
师和教育家,是苏俄社区运动(Settlement Movement)和职业教育(Vocational Education)的先
驱。Stanislav Shatskii(又拼作 Shatsky, 1878—1934),是沙皇晚期和苏俄早期的人文主义教育
工作者、作家及教育决策人(Educational Administrator)。1905 年,Zelenko 加入由 Stanislav
Shatsky 和 Louise Shleger 组织的在莫斯科市中心希奥尔科沃(Shchyolkovo)的夏季劳动公社项
目(Summer Labor Commune Project),随即俄罗斯第一个儿童教育俱乐部成立。1906 年,他们
建立了第一个由州立基金资助的社区社会教育中心(Settlement Society),旨在培训和专业教
育社区人员。——编校者]
〔3〕 尤尔特(William Ewart, 1798—1869),英国政治家,1850 年提出建立免费图书馆法案(Bill
of Free Libraries),并得到国会通过。——编校者

经过了达纳[Dana,(1856—1929)]等的宣传[1],美国公立图书馆为推广它的活动,现在都设立了分馆、巡回书库、书车,并以工人区域和农村以及各种成人教育机关为其分布的中心,密接地和民众生活相联络。总馆之内,也设有成人阅览咨询部(Readers Advisory Service),指定专门的职员,演讲和指导图书的选择与使用。至于读书标语(Posters)、特殊展览(Special exhibit)、游行宣传(Pageant)、指导刊物(Bulletin)等,凡可以引起民众读书兴趣的一切工具和方法,在50年前将被看作极可笑之举的,在美国和苏联,也数见不鲜。欧洲如法、德等国,则图书馆依然保持着它的旧时的尊严。普通的办法,是市立图书馆(Stadtbibliothek)[2]外,另设几个小的民众图书馆(Volksbibliothek)。

美国图书馆协会(American Library Association)于1926年设置成人教育委员会,发行季刊《成人教育与图书馆》(*Adult Education and the Library*)。[3]

八、 博物馆

博物馆有两种性质:一是"美术馆"(Art Galery),如伦敦 Victoria and Albert Museum[4]、柏林 National Galerie[5]、纽约 Metropolitan Museum of Art[6],而

---

〔1〕 达纳是纽瓦克(Newark)图书馆馆长,于图书馆的民众化很有功。著有文集"*Libraries*"。
 [达纳于1902年建立纽瓦克图书馆,并任馆长。1909年建立纽瓦克博物馆。达纳对美国图书馆和博物馆从业人员有着巨大的影响。——编校者]
〔2〕 又作 Municipal Library。——编校者
〔3〕 美国图书馆协会(简称 ALA)是立足于美国,致力于推动世界图书馆和图书馆教育国际化的一个民间组织。是世界上最大和最古老的图书馆协会组织,现有会员大约64 600人。该协会由 Justin Winsor、Charles Ammi Cuttler、Sammuel S. Green、James L. Whiteney、Melvil Dewey、Fred B. Perkins、Thomas W. Bickrell 等人于1876年在费城成立,1879年得到麻省政府许可,总部如今设在芝加哥,出版刊物《美国图书馆》(*American Libraries*)和《书目》(*Booklist*)。
〔4〕 即维多利亚-艾伯特博物馆(V & A),始建于1852年。——编校者
〔5〕 即国家美术馆,始建于1876年。——编校者
〔6〕 即纽约大都会博物馆,始建于1880年。——编校者

巴黎的 Louvre[1]、列宁格勒的 Hermitage[2]、罗马的 Vatic-an[3] 尤其是世界的艺术之都;二是"科学博物馆"(Scientific Museum),这如伦敦的 Science Museum[4]、柏林的 Museum fur Natur Kunde[5]、纽约的 American Museum of Natural History[6]、巴黎的 Musee d'Histoire Naturelle[7]、莫斯科的 Rumiantzov[8] 之类。最巨大的博物馆如伦敦的不列颠博物馆(British Museum)[9]、华盛顿的国立博物馆(National Museum)[10],也兼有美术与科学二部。

　　Museum 本是"艺神之庙"(Temple of Muses)的意思。欧洲许多博物馆的富丽的珍品起先都是皇家穷奢极侈的私藏,经过革命以后才得公开于民众。不列颠博物馆馆长凯尼恩(Kenyon)说,人们对于博物馆的观念已经过三步的演变,最初只当它是珍奇的库藏,其次当它是学术研究的场所,现在则把它当作民众教育的工具。以博物馆为研究的场所的观念,到 19 世纪末叶达尔文物种原始的研究成功后,才为人所确认;至于把它作为民众教育的工具,则只是近 30 年来的新发展罢了。他以为在民众教育上博物馆的功用有三:(1) 刺激观赏者的好奇心,因而引起他们的思考;(2) 搜集自然与艺术的宝藏,以满足人们求知、审美的欲望;(3) 供给民众休闲中一种理智的、美感的享乐。真的要发挥这种功用,博物馆也便须放弃它的旧时的尊严,而到民众中间去做积极的活动;它的能事,便不止于搜集、分类、典藏,而凡是陈列品的标志(Label)、指导书(Guide book)、照片、

---

〔1〕　即巴黎卢浮宫,始建于 1204 年。——编校者

〔2〕　即今天圣彼得堡的冬宫。1764 年,叶卡捷琳娜二世从柏林购进伦勃朗、鲁本斯等人画作 250 幅,存放于冬宫的艾尔米塔日(法语,意为"隐宫"),该馆由此而形成。——编校者

〔3〕　现在是两个地名,分别是意大利首都罗马(Rome)和世界上最小的国家梵蒂冈(Vatican)。

〔4〕　即伦敦科学博物馆,始建于 1857 年。——编校者

〔5〕　即柏林自然历史博物馆,始建于 1861 年。——编校者

〔6〕　即美国自然历史博物馆,始建于 1869 年。——编校者

〔7〕　即法国自然历史博物馆,始建于 1793 年,是欧洲最大的自然历史博物馆。——编校者

〔8〕　即俄罗斯国家图书馆(Russian State Library)。该馆始建于 1862 年,是莫斯科第一个公立图书馆,原名为 The Library of the Moscow Public Museum and Rumiantsev Museum(或称为 The Rumiantsev Library)。——编校者

〔9〕　即大英博物馆,始建于 1753 年。——编校者

〔10〕　即美国国立自然历史博物馆(National Museum of Natural History),始建于 1910 年。——编校者

宣传文字、专题演讲、参观指导员（Guide lecturer）等，都不可少。到了具足上述三种功用的时候，博物馆已不只是"艺神之庙"，而成为民众的学校了。

九、 世界成人教育协会

世界成人教育协会（World Association for Adult Education），以曼斯布里奇的努力，于1919年组织成功。目的在促进各国成人教育的运动，而谋事业的相互协助，以树立国际亲善的根基。本部设于伦敦（16 Russell Square, London），发行季刊名 *Bulletins of the World Association for Adult Education*。1929年，在剑桥大学举行了第一次世界成人教育会议。

英国成人教育社（British Institute of Adult Education）和美国成人教育协会（American Association for Adult Education）都是世界成人教育协会的分部。前者成立于1921年，后者成立于1926年；发行刊物同名为《成人教育杂志》（*Journal of Adult Education* 通讯处：英国 39 Bedford Square, London, 美国 41 E. 42nd. St., New York City）。[1]

---

〔1〕 本章参考书籍过多，除各种专门定期刊物，已在文中备举外，兹仅照以上各节的次第，择最重要的参考书，开列于下：
The International Handbook of Adult Education, 1929;
Encyclopedia of Social Sciences.
[David L. Sills(Eds.), International Encyclopedia of Social Sciences, London: Collier Macmillan Publisher, 1930. ——编校者]
Martin, The Adult School Movement.
[G. Currie Martin. The Adult School Movement. Its origin and development London: National Adult School Union, 1924. ——编校者]
Yeaxlee, The Spiritual Values in Adult Education.
[Basil A. Yeaxlee, The Spiritual Values in Adult Education: A Study of A Neglected Aspect, Volumes 1 and 2, London: Oxford University Press, 1925. ——编校者]
Hodgen, Workers' Education in England and the United States.
[Margaret Hodgen, Workers' Education in England and the United States, London: Kegan Paul, Trubner & Co., 1925. ——编校者]
Mansbridge, An Adventure in Working-class Education.
[Albert Mansbridge. An Adventure in Working-class Education, London, New York etc. : Longmans, Green, & Co., 1920. ——编校者]
Evans, Educational Opportunities for Young Workers.

转下页

（接上页）［Owen D. Evans, *Educational Opportunities for Young Workers*, New York：Macmillan Co.，1926. ——编校者］

Hall-Quest：*The University: A Field*.

［Alfred Lawrence Hall-Quest, *The University: A Field*, New York：Macmillan Co.，1926. ——编校者］

Begtrup, *The Folk High Schools of Denmark*（孟宪承译：《丹麦的民众学校与农村》，商务版）。

［Holger Begtrup, Hans Lund, and Peter Mannich, *The Folk High Schools of Denmark and the Development of a Farming Community*, London：Oxford University Press, 1926；贝脱勒等著，孟宪承译：《丹麦的民众学校与农村》，商务印书馆1931年版。——编校者］

Pinkevitch, *The New Education in the Soviet Republic*.

［Albert P. Pinkevitch. *The New Education in the Soviet Republic*, New York：John Day, 1929. ——编校者］

Woody, *New Mind: New Men?*

［Thomas Woody, *New Mind: New Men?* New York：Macmillan Co.，1932. ——编校者］

Dewey, *Characters and Events*, Vol. I.

［John Dewey, *Characters and Events*, Vol. I, New York：Henry Holt & Co.，1929. ——编校者］

Libraries and Adult Education（ALA）.

第五章
中国民众教育的发展

一、 民国以前

在本世纪开头,中国经济的、政治的变动引起了传统的教育制度的改革。1902 年,清政府便有所谓《钦定学堂章程》;[1]次年,修改后正式公布了。这学制规定五年期的初等小学堂;初等小学以上,有四年期的高等小学堂和与它平行的三年期的初等实业学堂、实业补习学堂,以及半年至四年期的艺徒学堂。虽则没有什么义务教育的说法,而民众儿童的就学却是在学制上承认着了。

预备立宪的宣布已在革命的前夕。1906 年,宪政编查馆[2]于筹备立宪的九年计划中,编定一个人民识字教育的程序。1909 年,又颁行《简易识字学塾章程》,在北京和各省开始设立简易识字学塾。

简易识字学塾是为年长失学的人,也是为贫苦儿童而设,并不完全是成人补习学校。其修业年限这样订定:"年长失学,急于谋生,入此项学塾或三年或二年

---

〔1〕 1902 年,在管学大臣张百熙的主持下,清政府拟定了一系列学制系统文件,包括《京师大学堂章程》、《考选入学章程》、《高等学堂章程》、《中学堂章程》、《小学堂章程》和《蒙学堂章程》共 6件,8 月 15 日呈奏颁布,统称《钦定学堂章程》。因该年为农历壬寅年,又称"壬寅学制"。——编校者

〔2〕 1905 年,清政府派出以载泽为首的五大臣赴欧洲、日本考察各国宪政,并效仿日本"明治维新"设立"考察政治馆",1907 年改名为宪政编查馆。——编校者

或一年,均可听便。家贫年幼入此项学塾者,自以三年毕业为宜。"[1]事实上,则因"毕业之期愈近,则益便于谋生,授课之时无多,可兼营夫操"[2]的理由,那时只有一年至二年期的识字学塾。其课程分国文(识字、讲演、习字)、国民道德(讲演义理,不课文字)、算术(加减乘除,诸等数)三科。授课时间每周12小时(国文六,国民道德三,算术三)。教材也分《简易识字课本》、《国民必读课本》、《简易珠算课本》三种,但编成的似乎只有识字课本。

关于课本的编辑方法有一点历史的价值,是值得一述的。那时学部奏折里说:"此项课本,其宗旨在使人人皆知人伦道德及应用之知识为主,宗旨必须纯正……通达,要在简而不陋,质而不俚。"[3](1)识字课本又分三种。"其第一种识字课本,凡道德智识之要,象数名物之繁,详征约取,备等于篇,约三千三百字,期以三年毕业。第二种识字课本,则于第一种课本中,去其理解稍高深,事物非习见者,约减为二千四百字,期以二年毕业。其第三种识字课本,但取日用寻常之字,目前通行之文,约之再三,定为一千六百字,实属无可再减,期以一年毕业。"(4)(2)国民必读课本分为两种。"一种理解较浅,范围较狭,征引史书较少。其天资高者,期以一年毕业,逊者一年半毕业。一种理解较深,范围较广,征引书史较博,其天资高者期以二年毕业,逊者三年毕业。共编辑之法,拟各分上下二卷,上卷慎采经传正文,以大义显明者为主,兼采秦汉唐宋诸儒之说以证明之,正文之下,附以按语。凡群经大义切于修身之要者,前史名论益于涉世应事之宜者,以及诸子文集、外国新书,于今日国家法政世界大局有相关合者……择要采取,推阐发挥,以沦其智滤,拓其心胸。下卷……凡有关于制度典章之大者,慎为辑录……解释,俾易领会……庶几乡曲愚氓,皆明于忠君

---

[1] 学部:《奏遵拟简易识字学塾章程折(并单)》(1910年1月10日)。参见《中国近代教育史资料汇编》(学制演变),上海教育出版社2007年版,第581页。——编校者

[2] 此处引文出处不详。疑出自《江苏教育总会呈学部请变通初等小学堂章程文》(1909),原文有"推究国民他日生计之关系,相与考求目前推广教育之方法;金谓初等小学之年限愈短,科目愈简,则教育之普及愈易"。《教育杂志》第1年第5期(1909年4月)。——编校者

[3](4) 《学部奏编〈国民必读课本〉、〈简易识字课本〉大概情形折》(1909年1月9日),参见《中国近代教育史资料汇编》(普通教育),第45、45—46页。——编校者

报国之义……并可借以为谋生学艺之资矣。"[1]"乡曲愚氓",能领会这许多经、史、子、集,还可借以为生产的工具! 这在今日来看,就未免滑稽了。

简易识字学塾以外,清末又曾有一种"简字学堂"在天津、南京等处设立。简字,系指王照的《官话合声字母》、劳乃宣的《简字》之类,略仿日本的"假名",采取汉字中之某一部分作为音符的。音符的用处,可以统一读音,也可以注读汉字,也可以当作一种代用文字。那时的人着重的是后两种的用处,以为不识字的人,有了这种字母,不费多少气力也会看书写信了,所以他们把简字看作民众教育的一个重要工具,设校传习。王照并且编了许多简字的民众书报。同时吴敬恒也制成一套字母,自编课本教人。这样的精神是很可以敬崇的。吴氏这样描写简字的教学:"荒村三五家,有十岁外之子弟数人,无论无校可入,即有校,欲留助父母放牛,亦不能入。如是,由当地热心教育者,每夜授以注音符号数个,尽二三十天之工夫,使符号认熟,又通晓拼切之方法,于是授以相宜之书本。彼等放牛于荒冈,牛方食草,彼等卧伏于草际,相与拼读。其书本必当为有兴趣者,又当为不烦教师讲解,读出即了了者。其初止照注音符号之拼音而读也,今日读之,明日又读之,在此张所见之字,于他页又见之,积久则汉文以渐而识一二,由一二而三五,从而十百,即为识字之人矣。书本之所云云,由趣味而进以知识,进以方法,居然渐施以生产之教育,又成为生产之人矣。"[2]关于这问题,下节还要提到。

二、民国初期

从民国元年(1912)到十五年(1926),经济上、政治上、教育上都自然地构成一个时期,中间又被八年(1919)的"五四"运动划定两个段落。这里,便依着历

---

[1] 见舒新城:《近代中国教育史资料》(第二册)。
  [《学部奏编〈国民必读课本〉、〈简易识字课本〉大概情形折》(1909年1月9日),参见《中国近代教育史资料汇编》(普通教育),上海教育出版社2007年版,第46页。——编校者]
[2] 吴敬恒文见《最近三十五年之中国教育》。
  [吴敬恒:《三十五年来之音符运动》,载庄俞、贺盛鼐编:《最近三十五年之中国教育》,商务印书馆1931年版,第5页。——编校者]

史的发展,将教育的民众化的事实和趋势简括记述下来。

(1) 学校系统

元年(1912),教育部颁布一个《学校系统》,这比起十年前的学堂章程来,各级教育,年限都较缩短,要谋教育的普及,民众的经济能力是不得不顾到的了。"五四"前后,美国教育者如杜威、孟禄都来演讲、调查,又促起一度学制的改革。十一年(1922),教育部便据前年(1921)全国教育会联合会在广州议决的新学制草案,召集审查会议,而公布了《学校系统改革令》[1]。这份学制之前,列举着七项标准:"一,适应社会进化需要;二,发挥平民教育精神;三,谋个性之发展;四,注意国民经济力;五,注意生活教育;六,使教育易于普及;七,多留各地方伸缩余地。"这些标准是否单以制度形式的改变便可完全达到,很是问题。但,"平民教育"、"生活教育"、"国民经济力"、"教育普及"等口号,却在学制上也呼喊出来了。

(2) 义务教育

普及教育当然要从国民必具的小学开始。四年(1915),教育部颁布了《义务教育施行程序》,规定初等小学四年,为义务就学期限。十年(1921),袁希涛在江苏组织义务教育期成会,照那时的调查,除山西省、广州市以外,各省市还很少有实施的。一切计划还不过是"画饼充饥"呢。

(3) 通俗教育

社会教育这时也得到新的认识。元年(1912)教育部的组织法,于普通教育司、专门教育司以外,已有社会教育司。四年(1915),公布图书馆、通俗图书馆、通俗教育讲演所等规程;并规定各省应设立图书馆,省治县治都应设立通俗图书馆与通俗教育讲演所。七年(1918)调查,全国已有图书馆170所、通俗图书馆289所(巡回文库259处)、通俗教育讲演所188所了。同时,教育部还曾组织一

---

〔1〕 1921年10月,全国教育联合会第七届年会在广州召开,会议以学制为议题。广东、黑龙江、甘肃、浙江、湖南、江西、山西、奉天、云南、福建、直隶等11省提交了各自的学制改革案,其中不少提倡美国学制和学分科制。大会经过认真讨论和审查,于10月30日通过了新的"学制系统改革案"。1922年9月,教育部在北京专门召开了学制会议,会议对全国教育联合会所提出的学制系统改革案稍作修改,又交同年10月在济南召开的全国教育联合会第八届年会征询意见,最终于11月1日以大总统令公布了《学制系统改革案》,被称为1922年"新学制",或称"壬戌学制",又称"六三三制"。——编校者

个通俗教育调查会,以"研究通俗教育事项,改良社会,普及教育"为宗旨,搜集各种图书、讲演、歌谣、戏剧、故事、小说、弹词、唱本,以为改进的参考。另外,各省也有热心社会教育的人们自动设立通俗教育会,并于民众读物、剧本、幻灯、电影等的制作都在讨论。社会教育的声浪是不断地回荡着,但不晓得为什么,清末的成人学校——识字学塾倒似乎消沉了。

(4) 注音字母

民国二年(1913),教育部召集读音统一会,吴敬恒、王照为正副议长,制定声母二十四,介母三,韵母十二,定名为"注音字母"。四年(1915),北京有注音字母传习所、注音书报社等。到九年(1920)教育部《小学校令施行细则》中规定"教授注音字母"后,小学国语教科书都附有注音符号了。以注音识字为民众教育的工具,始终是吴氏企望着的理想。他于十三年(1924)写《二百兆平民大问题最轻便的解决法》。后来,于十九年(1930),政府令改"注音字母"名称为"注音符号",并积极推行;教育部又设注音符号传习所。但实际上,注音符号在民众教育上的试验至今没有获得很大的成功。[1]

(5) 国语文学

在另一方面,用普通语言作文以代替古典文学的运动,则已发生不易估量的影响。"五四"以前,北京大学教授胡适等倡"文学革命",主张用白话作文,一时有"白话"与"文言"的论战。九年(1920),教育部令改小学"国文科"为"国语科",不到几年,从小说诗歌以至教科用书、学术著作,都用白话了。这个运动不独改变了中国文章的形式,也赋予一个新的民众化的内容。它在民众教育史上写下了很可纪念的一页。

(6) 平民教育

在热烈的"五四"运动中,宣传与教育是奋斗的武器。各学校的青年纷纷试

---

[1] 吴氏说:"于是教育部设传习所,铁道部添注到车站名目上去,到处公署,党部的门榜,也常常看见注着。更有许多报纸,加注在报名之上——惟有绅士式的老牌顽固报纸,只是不理。然而久而久之,也就慢慢冷淡下来了。"
　　[吴敬恒:《三十五年来之音符运动》,载庄俞、贺盛霄编:《最近三十五年之中国教育》,商务印书馆1931年版,第35页。——编校者]

办"平民学校"、"工读夜校"。晏阳初于九年(1920)归国,就发起大规模的平民教育运动。初,欧战中,英法在华招募20余万工人到战地担任筑路、掘壕和运输的工作。晏氏在美呼吸了战争中服务、牺牲的空气,也到法国去当青年会的干事。他和华工相处,深感他们不识字的苦痛,临时自编课本,开始工余教学的活动,几个月后,居然得着很满意的结果:工人多能够写简短的家信,看军队的通告了。晏氏既有这一段经验,归国以后,决心继续这种重大的教育工作。他在全国青年协会,编成《平民千字课》、识字挂图以及其他教材;拟定宣传、招生、教学的实施程序;想以最少的金钱得最大的效果,以"四个月,一千字"为最低限度的目标。十一年(1922),他在长沙以青年会为中心,做全城的平民教育运动;十二年(1923),又在烟台、嘉兴、杭州等地方,有同样的运动。同年,全国平民教育大会在清华大学举行,以熊朱其慧夫人[1]、陶知行等的协力提倡,组织中华平民教育促进会,设总会于北平,晏氏被推为总干事。(其最近的发展,见第八章。)

(7) 工人教育

工人教育的组织以交通部铁路职工教育委员会为最早。这委员会于九年(1920)先办一个职工教育讲习会,招师范毕业生96人,分学校、讲演、图书、新闻四科,讲习一个月,以为职工教育师资的准备。然后在"京奉"路的丰台、唐山、山海关;"京汉"路的长辛店、郑州、信阳;"京绥"路的南口、张家口、丰镇;津浦路的天津、济南、浦镇各站,各设职工学校12所,又讲演团40组,这开了中国工人教育的新纪录。此外,如上海商务印书馆的工人励志夜校、沪东公社的补习夜校、江南造船所的补习夜校,也都有长久的历史。至于专为工人子女而设立的小学校,则有交通部于七年(1918)开始在上述四路所设的扶轮公学。这据十四年(1925)的调查,包括中学一所,小学34所,学生7100人,每年经费196 557元。另外,开滦矿务局、鲁大煤矿公司、启新洋灰公司、久大精盐公司、永利制碱公司等,也有工人子女的小学校。[2]民国十五年(1926),商务印书馆工会开办同人

---

〔1〕　朱其慧是北洋与民国时期重要人物熊希龄的夫人。——编校者
〔2〕　参考《第一次中国劳动年鉴》。
　　　　[王清彬等编:《第一次中国劳动年鉴》,北平社会调查所1928年版。——编校者]

子弟学校,公司且拨给基金 20 000 元。

三、 国民政府成立以后

十六年(1927),国民政府定都于南京,秉着总理"唤起民众"的遗教,各级党部都努力于广大的民众中间的宣传。到了军政完成,训政开始,对于民众教育便有很多重要的设施,略述概要如次。

(1) 教育宗旨

国民政府于十八年(1929)公布,二十年(1931)补充的《中华民国教育宗旨》[1],为:

> 根据三民主义,以充实人民生活,扶植社会生存,发展国民生计,延续民族生命为目的;务期民族独立,民权普遍,民生发展,以促进世界大同。[2]

其《实施方针》,关于社会教育,规定:

> 社会教育,必须使人民认识国际情况,了解民族意义,并具备近代都市及农村生活之常识,家庭经济改善之技能,公民自治必备之资格,保护公共事业及森林园地之习惯,养老恤贫防灾互助之美德。[3]

---

[1] 1929 年 3 月,国民党在南京召开第三次全国代表大会,教育是其中一个重要议题,国民党中央宣传部提出《教育方针及实施原则案》。经过大会议决的教育宗旨和实施原则,于 4 月 26 日由南京国民政府正式以《中华民国教育宗旨及其实施方针》通令颁行。同时配套公布的还有《三民主义教育实施方针》,对各级各类学校教育中如何落实"三民主义"教育宗旨作了具体的规定。至此,"三民主义"教育宗旨终告形成。为切实落实和强化"三民主义"教育,1931 年 6 月,在南京国民政府公布的《中华民国训政时期约法》中,以根本法的形式规定了民国教育宗旨及其政策。1931 年 9 月,国民党中央执行委员会第 157 次常务会议通过了《三民主义教育实施原则》,并规定了具体的实施"目标"和"纲要"(包括课程、训育、设备三个细目)。——编校者

[2] 《第一次中国教育年鉴》(甲编),开明书店 1934 年版,第 8 页。——编校者

[3] 参见《第二次中国教育年鉴》(第一编),商务印书馆 1948 年版,第 2、3 页。——编校者

学校及社会教育,应一体注重发展国民之体育。[1]

农业推广……凡农业生产方法之改进,农民技能之增高,农村组织与农民生活之改善,农业科学知识之普及,以及农民生产消费合作之促进,须以全力推行。[2]

(2) 法规与会议

同年(1927),教育部公布《识字运动宣传计划大纲》,规定用"讲演、标语、书报、旗帜、幻灯、电影、留声机"等"方法",于"公共场所、酒楼、茶肆、庙宇、工厂、学校、商店、军队、家庭、街头、巷口,各种集会"等"地点",举行识字宣传。又规定"宣传周",各省或"特别市"举行之;"宣传日",各县市分别举行之,每年至少一次。又同年(1927),公布《民众学校办法大纲》(见第六章)。二十一年(1932),又公布《民众教育馆暂行规程》(见第七章)。此外,还有十八年(1929)教育部、内政部、农矿部会同公布的《农业推广规程》;二十一年(1932)教育部、实业部会同公布的《劳工教育实施办法大纲》。

十七年(1928)和十九年(1930),各举行了一次全国教育会议。第一次会议曾决议"实施民众教育"及"确定社会教育经费"等案。[3] 第二次会议则编制一部《改进全国教育方案》。这方案虽则始终没有经过中央的核定而正式公布,却很有参考的价值。本年[二十二年(1933)]2月,教育部第一次召集了民众教育专家会议。

(3) 义务教育

在《改进全国教育方案》中,最根本的是第一章的《实施义务教育计划》。它开头便说:"目标在使全国学龄儿童得受初级小学四年的教育,但对于不能继续在学四年的儿童,得酌量变通在学期间,并得用补习学校或自修制度补足他们应受的义务教育。"[4]另加一条附注,这样说明:"现在国库空虚,师资缺乏,乡间

---

〔1〕 见《第二次中国教育年鉴》(第一编),商务印书馆1948年版,第2、3页。——编校者
〔2〕 见《第二次中国教育年鉴》(第一编),商务印书馆1948年版,第2、3页。——编校者
〔3〕 见《全国教育会议报告》。
〔4〕 教育部教育方案编制委员会编制,第二次全国教育会议修正通过:《改进全国教育方案》,1930年印刷,第一章,第一节,第1页,第一章,附注,第9页。——编校者

农民又须儿童帮助工作；若要使全国学龄儿童一律入学四年，毫无间断，事实上恐难办到。所以拟定一种变通办法，凡应受义务教育的儿童，得按照他们家庭状况，拣择下列五种入学方式之一：

甲、入正式小学四年。

乙、入正式小学三年以后改入补习学校每晚修学二小时，修满二年，就可以算初小毕业。

丙、入正式小学二年以后改入补习学校每晚修学二小时，修满四年，也可以算初小毕业。

丁、入正式小学一年以后改入补习学校每晚修学二小时，修满六年，也可以算初小毕业。

戊、凡入正式小学，一年以内不能毫无间断的，可以每年入学半年，两年之后，再入补习学校，完成初小教育。

总之，正式小学一年等于补习教育二年，正式小学半年等于补习教育一年。凡不能继续入正式小学的，得入补习学校，补足他们应受的教育。但学龄儿童至少须入正式小学一年；或继续在校，或分为两个半年，都无不可。"[1]

依这计划的估计：

全国人口⋯⋯⋯⋯⋯⋯⋯⋯436 094 953

学龄儿童⋯⋯⋯⋯⋯⋯⋯⋯43 609 495

已入学者⋯⋯⋯⋯⋯⋯⋯⋯6 400 000

未入学者⋯⋯⋯⋯⋯⋯⋯⋯37 209 495

加以预定 20 年的实施期内人口增加，未入学的学龄儿童，当有 4000 万人。假定每一教师平均担任教育儿童 40 人，全国便须增加教师一百万人。需要的经费，约计四万万元。这个大计划是怎样地艰巨啊！

---

[1] 教育部教育方案编制委员会编制，第二次全国教育会议修正通过：《改进全国教育方案》，1930 年印刷，第一章，第一节，第 1 页，第一章，附注，第 9 页。——编校者

如上说,这计划是没有核定公布的,也许是因为事实上还不容易施行吧。二十一年(1932),教育部才颁布《第一期实施义务教育办法大纲》,其第一条说:

> 义务教育之实施,以民国二十一年八月起至二十四年七月止,为第一期。在此期内,全国各县市及行政区、特别区,应指定城市及乡村,各设一区或数区,为义务教育实验区,实施义务教育。是项实验区,收容儿童总数至少应占全县市区失学儿童十分之一。

这样,所谓实施义务教育的第一期,还不过是一个"实验"期罢了。但,同时,教育部却公布了一个很重要的《短期义务教育实施办法大纲》。因为它的重要性,我把原文的要点摘记在这里:

① 在经费困难,初级小学不易普及设置时期,为救济年长失学儿童起见,特制定短期义务教育实施办法。

② 短期义务教育之实施,以乡镇坊公所为主体,省市行政区、特别区,及县市区,为试验与示范起见,应指定相当地点,设短期义务教育实验区,尽先办理短期义务教育。

③ 短期义务教育以特设之短期小学或小学,及改良私塾内添设之短期小学班施行之。

④ 短期义务教育实验区内,凡年满 10 足岁至 16 足岁之年长失学儿童,均应入短期小学或短期小学班,补受短期义务教育。

⑤ 短期小学及短期小学班,均免收学费;所有书籍及学习用品,亦以学校供给为原则。

⑥ 短期小学或短期小学班,采用分班教学制(上午、下午、夜间),每日授课 2 小时(每时以 60 分钟计算),修业年限一年,每年至少以上课 270 日计算(540 小时)。

⑦ 短期小学或短期小学班以识字为目的,其课程设国语一种,并注重注音符号。其内容包含史、地、公民、算术、自然等常识。

⑧ 短期小学或短期小学班,每班之学额至多 40 人。

⑨ 年长失学儿童,均应强迫入短期小学,或短期小学班,其身体不健全者,得缓学或免学。

⑩ 年长失学之儿童,应由地方自治机关、公安局人员及当地"士绅父老"负责督令入学。

我们看各国教育的民众化的过程是以义务的小学教育开始。事实上,民众中间比较能脱离直接的生产劳动的是儿童。儿童期的教育是他们最低限度的权利。在这时的中国,正式小学和补习学校的功用的相关,上文已说得很详细。只因在行政系统里,无论中央、省或县,所谓"社会教育",都是和学校教育对立的,而把很狭义的"民众教育"(实则只是成人补习学校以及社会教育设施),归入社会教育司、科或课的管辖范围,以致实际从事于社会教育的人,常不很关怀他所谓"民众教育"与义务教育的联系。〔1〕其实,义务教育的发展倒是最值得民众教育者的注视和凝思的一个问题啊!

(4) 成年补习教育

再说《改进中国教育方案》第二章便是《实施成年补习教育计划》,这里说:"目标在使全国青年和成年失学的民众得受一种补习性质的短期学校教育。这种补习教育很为重要,但在我国学制系统上,没有占一定的地位。为便利起见,简称为成年补习教育。成年补习教育本兼含识字训练、公民训练、职业训练三种。初步计划,拟尽先完成识字训练和公民训练的重大工作。"〔2〕其原则:"一,用最少金钱、最短时间,使一般民众识字读书,具有运用四权的能力;二,先从集团人民办起,逐渐推广到散居人民,先从富庶地方办起,逐渐推广到贫瘠地方;三,受训练的年龄应从 16 岁起到 60 岁止;四,训练应有很严密的考核;五,训练既立基础之后,应继续长进的机会;六,识字训练,不但不识字者负学习的

〔1〕 最近才看到董渭川君一文:《义务教育与民众教育之不可分性》,《大公报》1922 年 11 月 8 日。
〔2〕 教育部教育方案编制委员会编制,第二次全国教育会议修正通过:《改进全国教育方案》,1930 年 6 月印刷,第二章,第一节,第 1 页。——编校者

义务,识字者也须负教人的义务。"〔1〕其补习办法,"用班级制的民众学校和非班级制的民众识字处——凡家庭、小店铺及其他小规模组织的集团内的分子,如有不识字者,可由家内、铺内或本集团的识字分子指导,不取班级上课形式,叫做民众识字处。"〔2〕

依这计划的估计:

全国人口：436 094 953

不识字者(80%)：348 875 962

15 岁以下 60 岁以上者：146 131 808

应受补习者：202 744 154

假定每一教员轮教两班,每班 50 人,平均可教 100 人。将 202 000 000 人分六年教,每年三期(每期 4 个月),每期可教 1126 万人,需要教员 112 650 人。民众学校每生占费一元八角,每年需款 61 605 000 元。这工作的艰巨也不亚于义务教育了。

关于民众学校师资的养成,这计划又拟定:"各县为训练民众学校师资,得设专校或由高级小学、师范及中等以上学校附设班级,训练各本校学生;或招收私塾教师加以训练;各省得设机关训练民众学校师资的师资。(见下)中央设民众识字指导员训练所,每年两期,每期招收高中以上学生八十至一百人,半年毕业后派赴各省长期指导视察。"〔3〕

虽然这计划和义务教育计划一样,并没有公布实行,但民众学校近年已经有些进展。据十八年(1929)统计:全国民众学校 28 383 所,经费 1 538 262 元。民众识字处 2811 处,经费 77 733 元。此外,还有农人补习学校 4000 所,

---

〔1〕 教育部教育方案编制委员会编制,第二次全国教育会议修正通过:《改进全国教育方案》,1930 年 6 月印刷,第二章,第一节,第 1 页。——编校者

〔2〕 教育部教育方案编制委员会编制,第二次全国教育会议修正通过:《改进全国教育方案》,1930 年 6 月印刷,第二章,第四节,第 5 页。——编校者

〔3〕 以上各种规定,均见教育部印行的《改进全国教育方案》。
[教育部教育方案编制委员会编制,第二次全国教育会议修正通过:《改进全国教育方案》,1930 年 6 月印刷,第二章,第九节,第 5 页。——编校者]

工人补习学校 193 所,商人补习学校 151 所。[1] 特别注重职业训练的补习学校,则有中华职业教育社久已试办的职业补习学校、职工补习晨校、通问学塾等。

(5) 社会教育

最后,《改进全国教育方案》里还有《改进社会教育计划》一章。它指示几个原则,如:"一,行政组织宜简单;二,实施机关宜集中;三,程序先实验而后推行;四,人才宜特别训练"[2]之类。其实施的机关分普通与特别两种。普通的为民众教育馆、图书馆、博物馆、艺术馆、体育场、农工商人补习学校等。特别的如革命博物馆、残废院、感化院等。民众教育馆应该做实施及试验的中心:所有图书馆、体育场等,在可能范围内都须和民众教育馆联合一气。

据十八年(1929)统计:全国民众教育馆 386 所,经费 753 492 元;公共体育场 1139 处,经费 257 264 元;图书馆 1131 所,经费 966 422 元;博物馆 34 所,经费 109 743 元;美术馆 26 所,经费 33 756 元。[3]

(6) 民众教育师资的训练

教育部于二十年(1931)通令各省市筹设民众教育人员的训练机关,或就原有的教育学院、师范学校内,设立专系或专科,施行这种的训练。各省关于此项教育的设施,以江苏、浙江、河北为较著,也值得一记。

江苏省立教育学院原称民众教育学校,这是十七年(1928)俞庆棠女士服务于江苏的"大学区"的时候筹设的。后改称民众教育院,并设劳农学院;十九年(1930),两院合并,改今名。现设民众教育、农事教育二学系,为四年制大学的程度,仍附设民众教育、农事教育二专修科,图书、仪器、实验室、农场俱完备。另设有实验区(见第八章)及其他试验机关。发刊《教育与民众》、《教育与社会》、《新民众》,以及实验报告、讲演集、论文集、民众读本、民众小丛书多种。二十年(1931)度经费 176 000 元。

---

〔1〕 见教育部:《全国社会教育概况》[南京民国教育部社会司 1930 年版。——编校者]。
〔2〕 教育部教育方案编制委员会编制,第二次全国教育会议修正通过:《改进全国教育方案》,1930 年 6 月印刷,第七章,第一节,第 1 页。——编校者
〔3〕 见教育部:《全国社会教育概况》。

浙江省立民众教育实验学校,十九年(1930)设立。目的"在根据民众生活之需要,以实验民众教育之组织、工具及方法;指导学生研究及实习,以养成民众教育服务之人才",所以谓之"实验学校"。校内设"师范科、社会教育行政、体育、艺术、图书馆学、新闻学等专修科,并为民众教育在职人员设短期讲习会"。(除社会教育行政一科外,各专修科因经费支绌,未举办。)另附设实验民众学校、民众教育馆。出版《民众教育季刊》、《新民》等。十九年(1930)度经费 62 820 元。

河北省立民众教育实验学校,二十年(1931)就原有的民众教育人员养成所改组。分普通科、专修科;普通科为高级中学程度,办法大致与浙江相仿佛。此外,河南有民众师范学院;福建、安徽等省也有短期的民众教育师资讲习所。[1]

---

〔1〕 本章参考高阳:《三十五年来中国之民众教育》,载《教育与民众》第 4 卷第 3 期(1932 年 10 月)。

第六章
民众学校

一、 组织

民众教育,是大多数人民的教育;民众学校,应该指大多数人民的一切学校。但现在这个名词的用法,是最狭义的,这只是成人的识字学校而已——较高一点的职业训练,便归入"补习学校"的范围了。(见前章)因为这种狭义的用法,单是施行识字训练的"民众学校",被许多人当作民众教育的全部。这误解是可以原谅的:因为,的确,今日我们的成人教育,还没有能够超于识字训练以上多少呢。

关于民众学校的组织,我们看《民众学校办法大纲》怎样规定:

(一)民众学校,由县市或县市教育分区,依各地方之需要设立之。

(二)民众学校主管机关,及省市最高教育行政机关,为研究及试验关于民众教育各种问题起见,得设实验民众学校。

(三)民众学校之教授科目为:识字、三民主义、常识、珠算或笔算、乐歌。此外得兼授历史、地理、自然、卫生等浅近读物,并得酌量地方情形,加设关于农、工、商业科目。实验民众学校之课程,得视研究目的,酌量变通。

(四)民众学校修业期限至少为 3 个月,每星期至少授课 12 小时,其时间得在夜间或休假日。

(五)民众学校学生修业期满,试验及格者,给予证书。

(六)民众学校得于课外举行讲演,开展览会,演有益身心之电影,提倡正当之娱乐。

（七）民众学校师资得设立专校培植之。但县市小学以上教职员、社会教育机关职员、教育团体职员、中等以上学校学生对于民众教育有相当经验者，均得充任民众学校教员。

（八）民众学校不收学费及其他费用，所用书籍文具等，均由学校供给之。关于学级编制、课程、教材(字汇和课本)、教学各实际问题，我们将依次讨论。

二、 学级编制

一个学校，要容纳 15 岁以上 60 岁以下的男女失学群，学级编制是很困难的问题了。以年龄差别言，青年和三四十岁的成人兴趣不同，习惯各别。同班受课十分勉强。再以两性差别言，特别是在闭塞的地方，男女同学还有疑难。至于智力学力的差别更不消说。所以，学级编制问题有三个解决的原则：一，年龄分级；二，性别分级；三，能力分级。换句话说就是有青年成人分级，男女——在开始就学时——分级，按照四个学月分级的三个办法。这当然牵涉师资、校舍、设备等事实条件。在乡村里，怕是只能够用复式编制的。但编者直到执笔的时候，竟还没有听到民众学校复式教学的十分成功。

我们于十九年(1930)在浙江民众教育实验学校附设的一个五教室的民众学校的经验是这样：在开办的时候，我们依据学生能力、性别、年龄分为下列五班，各班都系单式：

1. 初级普通班——不识字或略识字的成年男子编入。

2. 初级妇女班——不识字或略识字的成年女子编入。

3. 初级青年班——12 岁至 16 岁的青年编入。

4. 高级普通班——已毕业于杭州市民众学校或有相当程度者编入。

5. 补习班——有初级小学毕业以上的程度者编入。

开学不久，就发现每班学生程度的差异还是太大，教学因而感到困难。初级普通班首先采用复式教学；后来别班也试行了分团教学。到了一学期结束，举行

测验;根据测验结果,在第二学期即改换编制,不管年龄性别,完全以能力分级了。五班重组如次:

1. 第一学级——相当于初级班第一学月。

2. 第二学级——相当于初级班第二学月。

3. 第三学级——相当于初级班第三学月。

4. 第五学级——相当于高级班第一学月。

5. 第六学级——相当于高级班第二学月。

显然的,这种编制也都是有教师人数、教室数及其他事实条件的限制的。[1]

三、 课程

照部定《办法大纲》,民众学校教授科目很多,而授课时间每星期只有 12 小时。假如识字 6 小时,算术 3 小时——这似乎不能再少,而习字、默写等时间还不在内——剩下的时间只有 3 小时,支配了哪一科好呢? 所以教育部最近编的《三民主义千字课》,已把识字、三民主义、常识混合编制了。甘豫源君拟过一个日课表如下:

日 \ 时	7—7:20	7:20—8:10	8:10—8:15	8:15—8:45
一	周 会	阅 读	休 息	算 术
二	习 字	阅 读	休 息	唱 歌
三	习 字	阅 读	休 息	算 术
四	习 字	阅 读	休 息	唱 歌
五	习 字	阅 读	休 息	算 术
六	习 字	阅 读	休 息	唱歌(同乐)

[1] 见《民众教育季刊》第 1 卷第 4 期(1932 年第 3、4 期合刊)。

他说:"上列时间表的排列,有几种用意:一,习字每周一百分钟,要使学生把已识的字书写纯熟,到第三、四学月,可以减去二节习字,改授缀法。二,每晚七时上课,学生未必到齐,教师须早一些到教室内,叫学生一到就拿笔砚写字,不致东跑西闯。三,到七时三十分,学生可以到齐,才开始阅读。四,算术每周九十分钟,不能减少。五,青年及妇女于唱歌一科兴趣较浓,每周可授足九十分钟;成年男子如不喜唱歌,可改讲故事,或说书。"[1]

四、 教材（字汇与课本）

民众学校的课程既以识字训练为中心,它的教材当然也以识字课本为主体。这又可分字汇与课本二点来说。

1. 字汇

识字,要识多少字,识什么字呢,《康熙字典》有 42 174 字;商务印书馆《新字典》有 9971 字;就是《平民字典》也有 4435 字。清末《简易识字课本》则分 3200 字、2400 字、1600 字三种。民国初年,董景安在沪东公社编过《通俗六百字识字课本》。九年后,平民学校都用《千字课》。字数多少? 这是受着训练的短短的期间的限制。而识些什么字? 则要以民众生活的应用为标准。所以选字成为一个问题。像桑代克(Thorndike)、艾尔斯(Ayers)等根据书报上发现次数的统计所决定的字汇,做过汉字选择的,有陈鹤琴君的《语体文应用字汇》,选定 4261 字;设菲尔德(Sheffield)的 *Selected List of Chinese Characters Arranged According to the Frequency of Their Recurrence*,选定最常见字 726 次,常见字 1386,不常见字 2538,共 4640 字。此外,还有克隆(Krong)的《汉字常用四千字录》,敖德弘的字汇等。庄泽宣君又依据各种字汇编成《基本字汇》,选出常用字 2827 个,备用字 1241 个,合计 4068 字。中华平民教育促进会和傅葆琛君都曾做过精密的选字工作。最近教育部编《民众暂用字汇》则选定了 1209 字。

---

〔1〕 见甘豫源:《乡村民众教育实施法》,江苏教育学院印讲义(1930)。

各种字汇都以所用材料中发现次数为选择标准。而根据材料的多少、范围的广狭与民众实际应用的需要合不合，又都是问题。如陈君《语体文应用字汇》，所用材料包含儿童用书、新闻报、杂志、小学生课外作品、古今小说（有《红楼梦》）、杂类（有《圣经》），范围不为不广。然还有人以为这或只适用于小学生，而不适用于成年民众的，如傅君说："在陈氏的字汇里，耶稣的'耶'字发现一百四十次，上帝的'帝'字发现二百九十六次。而高粱的'粱'字，煤炭重量的'吨'字，零趸批发的'趸'字，只发现二次；裱糊棚窗的'裱'字，则只发现一次。这种情形，不是由于陈氏选字的材料中有基督教的《圣经》，而缺乏农人、工人、商人们的读物和应用文件的缘故吗？"[1] 后来中华平民教育促进会编辑《市民千字课》、《农民千字课》时，便因民众生活环境不同的需要，分别选定两种不同的字汇。其市民字汇所根据的材料，分二类：一，民众书报，包括新编民众用书、旧有民众读物、旧剧、唱本、大鼓书词等。二，应用文件，包括发票、账单、借据、收据、柬帖、官厅文告、公司章程、商店广告、账簿信札等。最后，教育部编《民众暂用字汇》所根据的材料分六类：一、总理遗著6种；二、宣传刊物12种；三、法规7种，文告81件；四、日报杂志5种；五、通俗图书（如《上下古今谈》）10种；六、杂志包含书信597封，簿据50件，广告50张，招贴招牌560余件。[2] 字汇问题，至此得到进一步的解决了。

2. 课本

傅葆琛君考查了27种千字课本，说："各种识字课本是否都做过客观的选字工作，不敢说。只知道平民教育促进会和青年协会出版的千字课，最近教育部编的《三民主义千字课》，都是经过选字手续的。"[3]

关于课本内用字的比较，徐锡龄君分析五种千字课本而得到如下的结论：

（一）各书每课生字都在十二三个左右，这是将1000字分配于96课里必然的结果。（据试验，民众学习决不能够这样地快。）

---

〔1〕见傅葆琛：《民众识汉字教育与民众基本字》，载《教育与民众》第3卷第5期（1931年2月）。

〔2〕《编辑三民主义千字课的经过报告》，载《教育部公报》第2卷第27期（1931）。

〔3〕傅葆琛：《民众汉字教育与民众基本字》，载《教育与民众》第3卷第5期（1931年2月）。——编校者

（二）新字密度很高，从每 100 字 6 个到每 100 字 16 个，均算每 100 字 12.8 个。（《新时代初小教科书》新字密度，每 100 字只 5.7 个；而小学生除国语外，和文字接触的机会还很多。）

（三）新字的密度既高，其复现的次数便少。各书中有 1/4 以至 1/3 的字，全书只发现一次的。全书发现过三次以上的字，只有在两书里是占总字数的 1/2；在其他三书里，都在 1/2 以下。[1]

以上各点，近来出版的课本已有相当的改善。不过字的复现的次数要增，而每课的生字数要减，那根本地动摇了"四个月一千字"的原则。"千字课"一个名词，恐怕不久也会不适用了。

现在，搁过课本的文字问题，再把它的材料内容检讨一下。

教育部《三民主义千字课暂行本》的编辑大意说："本书内容，关于三民主义、国民道德、历史、地理、自然、卫生等材料，根据程度的深浅，而错综排列，并力求避免单调和枯燥的弊病。"于四册书 88 课之中，综合着这许多的材料，编者实在是费了苦心。

江苏省立教育学院编的《民众读本》，则是先分析教育目标，取材"大部分依据健康、生计、政治、家事、文艺五类目标"而选择的。

关于内容的组织，后者又将一星期间的课文联络为一个单元。兹举第一星期的课文为例：[2]

第一课　种桑

青桑。湖桑。种青桑，种湖桑。青桑好，湖桑更好。

第二课　养蚕（一）

种桑，养蚕。我种桑，你养蚕；你种桑，我养蚕。养好蚕，用好种；要养好蚕，要用好种。

第三课　养蚕（二）

---

〔1〕 见徐锡龄：《千字课的效率与内容》，载国立中山大学《教育研究》第 19 期（1930）。
〔2〕 见武宝琛：《编辑民众读本的经过》，载《教育与民众》第 3 卷第 9、10 期合刊（1931 年 6、7 月）。

桑叶青,养蚕忙。蚕吃叶,人采桑。我采桑,你切叶;你切叶,我采桑。采桑人为养蚕忙。

第四课　养蚕(三)

采桑忙,养蚕忙,人为蚕儿忙采桑。蚕儿为人作茧亮光光。蚕儿好,亮光光,白的白,黄的黄。

第五课　丝

好蚕作好茧,好茧抽好丝;好丝又细又长又光亮。丝细长,丝光亮,黄金白银千百两。

第六课　改良蚕桑

千家养蚕,百家种桑。要养好蚕,要种湖桑。养蚕种桑,都要改良。蚕桑都改良,丝茧有销场。

五、 教学

教学的方法是与教材密接不可分的。识字教材那么样的简单,它的教学程序也就不能有怎么样复杂的变化。凡生字的认识(形、声、义),课文的阅读和理解,内容的讨论,读书、写字、缀文的反复练习,这些都在教学中占着一定的地位。

教育心理学的一般原则当然是适用于成人的学习的。[1] 但学习心理不是一个容易研究的题目,留待第九章再讨论。这里,我愿意介绍很通俗的实用的几条教学原则:

(一)"教师"必须明瞭他所教的功课。

(二)"学生"必须兴趣地专注于他所学的功课。

(三)用来作媒介于教师与学生之中的"语言",必须是双方所共同的。

(四)"功课"必须是以已知的说明未知的。

---

[1] 赵廷为:《适用于民众学校的几个教学原则》,载《民众教育季刊》第2卷第3期(1933)。

（五）"教授"必须是能够唤起学生的心,而用之去求得所要得的知识或技能的。

（六）"学习"必须是把一种新的观念,藉思想而传导于学生的理解里,或是把一种新的技能,藉工作而传导入学生的习惯里的。

（七）"试验"必须是把已教学的知识、技能,重新温习,重新细想,重新认识,或重新造作,以及拿来应用的。这是最老的格列高里(Gregory)的七个教学原则。[1]

民众教师,如能从许多教学法的书籍里求得理论的指示,而留心地在实践上修习、熟练,一定会更加增高他们的教学的效能。

---

[1] Gregory, *The Seven Laws of Teaching*,严既澄译:《教学的七个法则》。
［J. M. Gregory, *The Seven Laws of Teaching*, Michigan: Baker Books, 1884;严既澄译:《教学的七个法则》,商务印书馆1925年版。——编校者］

第七章
民众教育馆

一、 组织

民众教育是大多数人民的教育,决不以施行识字训练的"民众学校"为限,也不能以任何学校教育为限。大多数的人民是直接的生产劳动者。因为他们不能脱离生产劳动,所以他们的教育不能单靠学校的组织,而要利用全部社会的组织,这是"社会教育"一个名词的所由来。现在实施社会教育的中心机关是民众教育馆。

关于民众教育馆的组织,《民众教育馆暂行规程》中有下列的要点:

(一) 各省市(直隶于行政院者)及各县市(隶属于省政府者)应分别设立民众教育馆。

(二) 民众教育馆应举办关于健康、文字、公民、生计、家事、社交、休闲各种教育事业。

(三) 民众教育馆应从事研究及实验工作。

(四) 省立民众教育馆对于该馆所辖区域内县市立民众教育馆,有辅导及示范之责。

(五) 民众教育馆得设下列各部:

1. 阅览部　书籍、杂志、图表、报纸之公开阅览,巡回文库、民众书报阅览所等属之。

2. 讲演部 固定讲演、临时讲演、巡回讲演、化装讲演及其他宣传属之。

3. 健康部 关于体育者,如器械运动、球类、田径赛、国术、游泳、儿童游戏及其他运动属之。关于卫生者,如生理、医药、防疫、清洁等属之。

4. 生计部 职业指导及介绍、农事改良、合作社组织等属之。

5. 游艺部 音乐、幻灯、电影、戏剧、评书、棋弈,各种杂技及民众茶园等属之。

6. 陈列部 标本、模型、古物、书画、照片、图表、雕刻、工艺、各种产物、博物馆及革命纪念馆等属之。

7. 教学部 民众学校、露天学校、民众问字处或问事处及职业补习学校等属之。

8. 出版部 日刊、周刊、画报、小册,及其他关于社会教育刊物属之。

以上各部,得视地方情形全数设置,或先设数部,或酌量合并设置。如某项事业已设有专管机关时,其在县市者得并入民众教育馆办理之。

二、 调查与设计

包括阅览、讲演、健康、生计、游艺、陈列、教学、出版这么许多方面的事业,而要使一个以少量经费、少数人员的民众教育馆担负起来,这已说明了这事的困难。当然,每个民众教育馆都可以布置一些图书、表册或其他展览的物件,举行几次讲演和宣传,开设至少一个识字的夜校,也可以组织若干娱乐的活动,或者还可以刊印一点民众画报之类。但这就算尽了民众教育馆的能事么? 不,决不,这只是这么一个"机关",一个失掉了生命的躯壳罢了。

社会教育要得到有效的结果,先须有确定的计划,要制成合理的计划,先须对于社会环境有细密的调查。

孙逸园君说得不错:"在进行社会教育活动之前,先要调查社会的情状和倾向。把这个调查做了基础,再去张布社会教育的密网,确定教化的中心而积极活动。……由调查而成立计划的基础,更进而移于实施,其中确依因果关系循环而进的。照这个方法以定社会教育的始基,可使一时的、片断的事项,各各连锁起来,以成螺丝的教化网。"[1]我们要织造这样的教化之网,不能不先有一个图形或计划。这计划不能不先有一个起点或中心。这中心是什么? 那便依于调查所发现的社会环境的需要是什么了。让我再举实例来说:

> 在村庄的东面有二条河浜。这二条没有丝毫利益的河浜,我们就想充分地来利用,认为是一种废弃的财源,应当设法来开采的。于是,就积极地提倡养鱼事业……在起初,我们想利用靠近村庄东面的一条河浜,把堤岸筑高,做一个水篱,就作为一个鱼池。后来因为那条河船只出进太多,而且据人说,活水养鱼是靠不住的——原因是鱼不容易长大。后来改变计划,到较远的一条白流河去。那条河是一端和外边不通的水浜,我们就在狭处筑了一坝,四围种了杨柳,更在东西围了一个竹箩……用打水机把池里的水抽干,把原来河里所有的黑鱼、甲鱼等捕去——因为那许多鱼是要吃鱼的。然后再在坝上开了一个洞,中间把竹蔗隔了起来,免得野鱼混入,而让外面的水流进来。
>
> 那条河虽然是一个死浜,但周围都是麦田和茭白田,给我们筑断后做了一个鱼池,船只不能行到里面去了;农人对于肥料和农产品的运输,当然要感到许多不便。起初农户不允许筑坝,有的要求津贴运输的工资。后来我们召集村民开会,结果,大家才同情了。[2]

> 农民除种植稻麦外,更种一种蔬菜叫做茭白——是一种轮耕的地上茎,分春秋二季收获。因为地质适宜,出品嫩白、粗大,比什么地方都好,而且获利也非常厚。但最近几年来,市价逐渐跌落,甚至每担售银只及一元,以致每季售得之钱尚不足抵肥料与地租之耗费。因此,种植

---

[1] 见孙逸园:《社会教育设施法》。
　　[孙逸园:《社会教育设施法》,商务印书馆 1925 年版,第 38—39 页。——编校者]
[2] 朱若溪:《养鱼合作事业的实验》,载《教育与民众》第 3 卷第 9 期(1931 年 6 月)。

者渐见减少,而呈衰落的现象。……我们多方面的调查,得到一个极大的发现,就是茭白市价所以逐渐低落的原因,并不是种植方法不良而致出品的粗劣,也不是供过于求而致无法销售,更不是受经济衰落的影响而致一般人购买力之减退。其主要的原因是受了中间商人的垄断,将全县的市价操纵了。

五月十五日,举行一次村民大会,除说明本季茭白之危机外,复宣传合作社之利益。结果,推定顾锡安、苏盘金、郑根大三人为筹备员,分头去征求社员,一面具文县政府,请求许可设立。

但是接下来就是销售与运输的问题了。我们合作社的茭白运到南京、镇江后,由哪几家地货行代我们销售?他们肯不肯代我们销售?其次,火车上能不能允我们装运?用什么方法来装运?这两个问题是我们的根本问题,也就是合作社的生命所系。[1]

以上所引的,都是高长岸民众教育馆馆长朱若溪君的话。这小小的民众教育馆,是江苏教育学院所设的一个实验机关。现有养鱼合作社一、运销合作社一、信用合作社一。朱君的计划便以合作组织为中心。我引他,为的要证明前说调查和计划的必要。

三、 实施要点

有了确定的计划,便该积极地实施了。怎样实施?我们不能说已经根据充分的客观事实,而归纳成功若干普遍的原则。但下文所提示,至少可以说是实施上应该注意的几个要点吧。

1. 需要的适应

计划是从调查所发现的社会环境的需要决定的。把握住计划的中心而逐步

---

〔1〕 朱若溪:《高长岸的运销合作社》,载《教育与民众》第4卷第2期(1931年9月)。

地发展,也还是要随时发现需要而随时去谋需要的适应。民众是大多数的人们,是直接生产劳动者。他们在每天的生活里,除了睡眠以外,绝大部分的时间是劳动,绝少部分的时间是休闲。他们劳动为的是维持生计;他们休闲要的是一点娱乐。生计、娱乐真是民众在生活中所感觉的需要了。先说生计罢,一位教育者这样说:"最近政府发表首都人口统计,总数四十九万七千五百二十六人。其中不识字的倒有三十六万三千七百九十四人,占了百分之七十二;而无职业的,倒又有二十六万九千一百八十二人,占了百分之五十六。试问解决了失学问题,还有失业问题是不是可以不管?而况一般平民的心理总以为书是有钱的人读的,他们的眼光总认谋生是第一,求学是第二。又况事实上,他们许多青年所以失学,就是为困于生计压迫,早早谋挣钱的缘故。所以我们认得清楚,要推广平民教育定要从他们的生计问题上着手。"[1]再说娱乐,也是一个迫切的生活需要啊!人们不能有工作而没有游戏,有劳苦而没有歌吟。而且农人工人们在休暇的时候没有正当的娱乐,便一定有不正当的娱乐。不正当的娱乐在个人生活和社会生活上,又成极大问题。我们如果对于成年民众于一天勤劳疲乏之后,给以音乐、戏剧、歌曲、弹词,这不但是他们苦闷中的一点慰安,也实在可以丰富他们生活的趣味,而提高他们的好尚和理想。[2]

各个民众教育馆,除"教学部"施行识字训练为必要的、固定的事业以外,应该个别地适应地方环境的需要。需要是什么?固有待于调查。而民众生活基本的需要,不外乎生计和娱乐,这在我几于认为是一个原则了。

2. 民众的自动

民众教育馆是一个公开于民众活动的场所。图书、报纸、展览物品,不过一小部分的设备而已。没有活动便不会利用这些设备,徒然成了一个冷藏库,而不会造成一

---

[1] 见《教育与职业》第100期。
    [《十年来之中国教育指导》,载《教育与职业》第100期(1929)。——编校者]
[2] 我有一次在晓庄学校看到一副很好的对联,说:"从野人生活出发,向极乐世界探寻"。我会妄想改成"从生计娱乐出发,向科学艺术探寻",也替民众教育造些标语,虽然诗意是没有了。在十八年[1929]福州暑期学校的讲演里,我就提出这一段的文字的大意。后来,在无锡、杭州又同样地发表过这意见。[见《杭州民国日报》十八年(1929)10月7日教育特刊,宪承作:《民众需要的教育是什么?》]

个热烈生动的社会教育机关。真的"现今一般民众教育馆的通病是不用人格的感化，而凭物品的展览。请了许多职员叫他们管理许多图书、仪器、模型、标本。职员的工夫完全用在这许多东西上，只要布置整齐，不使损坏，便算尽其能事，而对人的工夫完全没有。"[1]我们如果撇开玄理的"人格的感化"，则所谓"对人的工夫"就不过是以刺激引起反应，以活动引起活动，而终于使民众能够自动。只要刺激的活动恰合生活的需要，则民众的自动也不难，高长岸不是已经给了我们一个实例么？

3. 机关的联络

以限制着的经费、人力去张布无限制的教化之网，看来本有些不可能。但社会许多事业原有许多机关在进行着。例如自治有官厅监督下的乡镇公所，农业有农业行政机关、农业学校、农事试验场，经济有农民银行、合作指导所之类。民众教育馆只要能够做一个介绍联络的中心，就可发生很多的力量。陶知行君不早说过么："教育更须与别的伟大的势力携手。教育与银行充分联络，就可推翻重利；教育与科学机关充分联络，就可破除迷信；教育与卫生机关充分联络，就可预防疾病；教育与道路机关充分联络，就可改良路政。……他对于改造乡村生活的力量大小，要看他对于别方面势力联络的范围多少而定。"[2]这是自明之理，我们只需稍微观察成功的民众教育馆的办法，便更加瞭然。

4. 事业的经济

肤浅的观察家对于民众教育馆事业的第一个批评是不经济。这批评却折服不了热心于民众教育者。拿社会教育来和学校教育比较，范围的广狭不同，效果的估计方法各别。经济不经济的标准已是难言。何况这是"民众"的教育馆，民众榨压了血汗才造成这社会生活所需的资财，在他们身上——只要真的是在他们身上——多费一点钱，在贤明的教育官长自然也不会反对呢？但讲到事业本身的效能，经济却是一个重要的原则；我不把它列为第一个原则，是因为其余三个原则都能够运用了，经济自然也就不成问题。不嫌反复地说，第一，能够从生

---

〔1〕 见甘豫源：《民众教育》。
　　　［甘豫源：《新中华民众教育》，中华书局1932年版，第122页。——编校者］
〔2〕 见陶知行：《中国教育改造》。
　　　［陶知行：《中国教育改造》，亚东书局1928年版，第133页。——编校者］

活的需要出发,事业有了计划和中心,便免了无谓的铺张和浪费。第二,能够引起民众的自动,便可以他们集体的力量替了几个馆员们的无益的代劳。第三,能够充分联络别的事业和机关,更减省了许多不必要的重复。关于最后一点,我们也希望别的机关肯同时认识这联络的意义。如省立图书馆本来要办巡回文库,为什么不以各县民众教育馆为它们的出张所?党部、政府、学校各有许多刊物、标语、图表,为什么不以各地方的民众教育馆为它们的推销场?农民银行要放款,为什么不先相帮组织合作社?农事指导机关要改良种子,为什么不先到乡村民众教育馆去散布?"分工合作"原不是片面的事情呀。

第八章
民众教育实验区

一、 实验的意义

在教育上已经惯用了的实验这个名词,分析起来有两种意义:一是整个教育事业的开创或试办;一是某项教育问题的科学方法的研究。有人称前者为"实际的实验"(Practical experiment),而后者为"科学的实验"(Scientific experiment)。[1] 在前者的意义上,凡对于教育有一种新的主张、新的方法,不拘着常轨,不限于法规,能够自由地觅取途径而实现出来的,统可称为实验。我们先前所述的麦克米兰的婴儿园、凯兴斯泰纳的劳动学校、曼斯布里奇的大学导师班、格龙维的民众高等学校、巴尼特的塞特耳曼特,都是很有价值的民众教育实验了。在后者的意义上,则实验却另有一个更狭窄、更严密的技术必须认定一项问题,在控制着的情境下,变更那情境中的某一条件,然后测验结果有怎样相当的变更,因而得到正确的结论的,才得称为实验。例如植物的生长靠着土壤、水分、光线、温度以及栽培等许多条件;我们如要决定某一种栽培方法的优劣,便须控制着相同的土壤、水分、光线、温度,而单变更其栽培的方法,然后测验不同的栽培方法所发生的结果。同样,我们如要决定某一种教学方法的优劣,也须控制

---

[1] Crawford, *The Technique of Research in Education*, p. 29.
  [Claude C. Crawford, *The Technique of Research in Education*, Los Angles, California: University of Southern California, 1928. ——编校者]

着相同的教师能力、学生智慧和努力，以及其他环境、设备上诸条件，而单变更教学的方法，然后测验不同的教学方法所发生的结果。所以科学的实验必有问题的确定、情境的控制、结果的测量、结论的获得。至于结果无论失败或成功都有相当的价值。成功固然给人们一个新的发现，失败也可供后来研究者一个参考。原来科学的实验短时间一度尝试而即得成功，怕是很稀有的。[1]

现在民众教育的实验大部分属于实际事业试验的一类。所谓"区"，是为实验而划定的一个地域。这地域，或者仅是一个乡村，如徐公桥、黄墟；或者是较大的一个自治区，如北夏；或者则是一全县，如定县、邹平。因为试验的是实际事业，它们所含的问题常是混合的，而不容易分析。教育，当然是它们共同的问题；以外，有的着重自治的训练，有的注意农业生产的改进。有的如邹平，则期于社会的根本的、全般的建设。

二、 中华平民教育促进会定县实验区

中华平民教育促进会自十二年(1923)在北平成立后，起初只宣传识字的教育。其原因如晏阳初君说："一则因为目不识丁的民众毫无接受教育的工具与能力；无论何时，非从识字一段以奠其最低限度的基础，一切皆无下手之方。二则于最短的时间以大规模的组织为普遍的施教，实为一种新兴的创举；若目标不简单、不具体，在风气未开之时，必容易发生疑误而少成功。"但"救愚、救穷、救弱、救私的教育，即启发知识力、发展生产力、培养强健力、训练团结力的教育，苟不接着进行，则前之识字教育自是徒劳枉费，丝毫没有价值。"[2]

平民教育促进会于十五年(1926)在河北定县翟城村设华北试验区，开始进行社会调查、农业改良、农民教育三部分的工作。翟城村，从清末米迪刚氏留日回米努力村治后，在教育上原有一点基础了。十八年(1929)秋，平民教育促进会全部移到定县，设定县实验区。其事业关于研究试验，分农业科学、卫生教育、平

---

〔1〕 孟宪承：《怎样做民众教育的试验》，载《民众教育季刊》第 1 卷第 1 号(1932)。
〔2〕 晏阳初：《最近一年之定县农民教育》，载《教育与民众》第 3 卷第 6 期(1931 年 6 月)。

民文学、公民教育、艺术教育、社会调查六部；关于推行，分学校式的教育、社会式的教育、家庭式的教育三部(后二部尚未成立)。各部事业编成一个"十年计划"；其要点用汤茂如君的话语，如下：

(一) 先集中"除文盲"，后集中"作新民"。

(二) "除文盲"与"作新民"都以青年人作中心对象。

(三) 社会调查是第一部工作，供给一切研究的事实。

(四) 文艺、生计、公民、卫生四大教育包含生活需要上的一切，从首至尾连锁进行，作儿童、青年及成人全部教育的内容。

(五) 实施教育，有学校式、社会式、家庭式的三种方式。

(六) 平民学校是实施教育的出发点，及接近民众的第一步。

(七) 毕业同学会是实施社会式及家庭式教育的出发点，及组织民众的第一步。

(八) 实验学校作全体"表演学校"的中心，而"表演学校"，就作一般平民学校的中心。

(九) 推行全国平民教育，以定县作研究、实验及训练的中心。

(十) 定县县单位教育的实验则有"研究中心村"和"实施中心村"以作全县教育普及的中心区域。

(十一) 十年计划分作三期。第一期三年，偏重文艺教育；第二期三年，偏重生计教育；第三期四年，偏重公民教育。卫生教育则贯彻十年。

(十二) 十年计划是我们研究县单位教育建设方案、编制工具及培养基本人才的计划。[1]

十九年(1930)度各部进行状况也摘录于下，以备参考：

(一) 社会调查部。调查全县富源及经济能力，其主要项目为田亩分配、农作物及面积产量、工商业状况、农民实际生活及人口确数，并为适应学校式教育部之需要，详细调查全县学校及文盲情形。

---

〔1〕　见汤茂如编：《定县农民教育》。〔中华平民教育促进会 1932 年版。——编校者〕

（二）平民文学部。重新选定农民基础字；完成初级平民学校课本、字典、辅助读物、夜灯识字字片；只顾高级平民学校教材。

（三）艺术教育部。改良各种图画；绘制各部用挂图及读物插图；制造幻灯片及电影片 2000 尺。

（四）农业科学部。研究棉花育种，小米、小麦、猪种、鸡种、蜂群、病虫害、梨树繁殖、肥料及农具之改良；推广花生种、猪种、力行鸡；杀虫，治蝗；表证养蜂知识；举行农业展览及讲演。

（五）公民教育部。编辑公民课本参考书；研究各国公民教育制度；搜集中国公民史料；试验公民教育家庭联合实施法。

（六）卫生教育部。研究卫生教育实施法、儿童营养、学校卫生、防疫、医疗；编制教具教材；训练卫生视导及调查员。

（七）学校式教育部。消除文盲 10 000 人；设立实验学校；择中心地点设表演学校；培养视导人才；编辑平民学校教师文库及青年补习学校教材初稿；研究初等教育，并分析最近小学课本。

定县实验区虽然到十八年(1929)秋才开始，但在前已有三年的工作；至于平民教育促进会则已有近 10 年的历史了。以历史的长久、经费的浩大、事业的稳固、专家的众多言，几乎没有其他哪一个实验区能够比得上。远大的十年计划完成后或将更有惊人的成绩表现出来，一切关心于民众教育的人们都在期待着。

三、 中华职业教育社徐公桥、黄墟乡村改进试验区

中华职业教育社起先只试验工商补习教育。十五年(1926)始联合东南大学、中华教育改进社，选定昆山县东南距京沪路安亭站 6 里的徐公桥为乡村改进试验区。后来，其他两个机关退出；十七年(1928)，职业教育社决定独力进行，编成六年计划，预计至二十三年(1934)试验告一段落。

职业教育社创始这种乡村改进的试验是起于一种社会改良的宏愿。他们这样地陈述：

　　中国二十年来的政治,最初未尝不引起一般人热烈的希望。后来把种种方式变来变去,只觉实际上于人群福利总还远一些。因此,仔细考求所以办不好的缘故,就为是中国地面是很大的,情形是很复杂的,譬如一所破坏不堪的大住宅,要整理刷新起来,固然要有人规定刷新的大方针,提出刷新的大计划;也得要人肯从一间一间小屋子里,一个一个壁角里,用笤帚去一道一道的扫,用粉刷去一撇一撇的刷。如果小部分整刷得成个样子,大家照着它的方法去做,或者因房屋状况的不同,另定刷新的方法⋯⋯这样一步一步扩大起来,或者一所大住宅,还有全部刷新的一日。可是下手总得有人先把头脑冷静起来,欲望恬淡起来,从荒凉寂寞中间,干这艰苦卓绝的下层工作。而且少数人是万万不够的,还得要多数人分头去同样的干。试问吾们不走这条路,还有哪一条是吾们的出路呢?[1]

　　徐公桥试验开始的时候是很简单的,由职业教育社聘定干事,联合当地村人领袖,组织一个"乡村改进会",举行农村调查,绘村地图,编村民籍,立田亩册,编农家历,立"乡村信条"。十七年(1928)冬,就中心小学旁筑会所五间,三间为会堂,名无逸堂,凡村人集会、农产展览、公共演讲、阅览和娱乐,都在这里举行;其余二间为办事会议室和寝室。乡村改进会的工作分总务、建设、农艺、教育、卫生、娱乐、宣传 7 部;执行委员 5 人,每年由会员大会选举。现会中共 32 村,507 户,2532 人。区内有公立小学 3 所,私立小学 1 所,观澜义务教育试验学校 1 所,十九年(1930)举办乡村改进讲习所一期;学龄儿童就学者 49％,成人识字者 41％。石路已成者 3 里,泥路 5 里,桥梁已修者 8 座。信用合作社营业 4000 元以上。另有养鱼、养鸡、花边、合作碾米、机器灌溉等事业。最近应乡村人民的要求,扩大区域,经江苏省政府准划为地方自治实验区。

―――――――――――

[1]　黄炎培:《黄墟的背景》,载《黄墟》第 1 期(1930)。

黄墟乡村改进试验区成立于十九年(1930),是受江苏省实业厅委托计划办理的。[1]黄墟在镇江县的东乡,距京沪路新丰站约 10 里。那里是山冈满目,坡陀高下,宜于造林种桑。"乡村改进会"的组织和活动与徐公桥大致相同。不过自始就着重于农业生产,种树育蚕,很有成绩。第一年便栽了 19 900 株桑树,177 000 株松树。二十年(1931)又栽树 26 万株。代购改良蚕种 740 张,合作烘制春茧 42 担,代销秋茧 46 担,开办碾米厂 1 所,小麦合作育种区 1 处,特约麦田 13 处,推广金针美棉,试种黄麻草莓。农业设施,可说不遗余力了。镇江县立师范学校也移设在那里,做区内教育事业的中心。

因为徐公桥、黄墟已证明了它们的成绩,又有别的热心的私人委托职业教育社代办或合作的几个乡村改进区——如泰县的顾高庄、宁波的白沙村、苏州的善人桥等,也都于二十年(1931)开始了。

职业教育社先前唱着所谓"富教合一主义"。[2]后江恒源君又说:

> 今日中国办理乡村改进,其真正目标应在教育上、政治上、经济上三方谋充分的发展。尽可因办理人之学识、旨趣、责任种种关系,不免稍有偏倚。但专司教育者断不能忘怀于农民之组织,漠视夫农家之生计。以推广新农业为目的者,亦必借学校及讲演以开通智慧,藉医药以"联络感情"。开会集议之事更为事实上所不能免。专注意于政治方面,舍却教育生计,岂不嫌其空疏?可知三方只宜相顾相关,断不容相离相异。再就实际效力以言,更应以教育为最重要工具,最根本方法;一切农事改良、经济合作、筹画公益、从事集会等,必教之而后能知,知之而后能行。是以"富"与"教"宜合为一,"富"、"教"与"政"亦宜合为一。[3]

乡村改进应有教育、政治、经济三方面的设施,这已成为近年大家采用了的

---

〔1〕 由冷遹(1882—1959)具体办理。——编校者
〔2〕 江恒源:《"富教合一"主义》,载《教育与职业》第 108 期(1930)。
〔3〕 江恒源:《多元的乡村改进法》,载《教育与职业》第 127 期(1931)。

公式。但徐公桥、黄墟的所以引得广大的注意,似乎还是因为它们的经济设施。尤其值得我们羡悦的是它们的计划切要,事业经济,干事的得人,指导的得法。

四、 江苏省立教育学院黄巷北夏实验区

江苏教育学院于十八年(1929)三月,在附近设立黄巷实验区。它以"黄巷改进会"为"训练四权使用的机关",并且主张:"组织适合村民程度事业,切合地方需要。"最先却从所谓"政治建设"入手,凡调查户口,编制闾邻,召集村民大会,设立调解委员会,举行公民宣誓、报荒、减租、禁烟、禁赌,都是曾经努力的。关于"教育建设"分三方面:一、初等教育,由民众请求教育局设了小学1所;二、民众学校,在3年的试验期中,毕业5班,文盲人数由67.8%减至49%;三、其他社会教育的设施。最后,关于"经济建设",也有改良稻种、麦种、蚕种、鸡种、信用合作、荒地开垦等的事业。因为黄巷是教育学院师生研究实习的机关,所以如课程的研究、《民众读本》(见第六章)、丛书的编制、教法的试验,很有许多有价值的成绩了。它的几次实验报告将为民众教育试验的初期的重要文献。

黄巷实验区于二十一年(1932)结束,所有事业付托村人自办,由教育学院指定人员从旁协助。在最后一篇报告中得到下列十分恳切的结论:

> 同人等觉局部的建设常在枝节上用工夫;根本改造当非教育所能为力。黄巷民众所最需要的为耕地、为工作,而耕地无多,地权不属;丝厂倒闭,茧价惨跌。同人等常听到黄巷民众哀痛的呼声,只觉心余力绌。所谓政治建设、经济建设、文化建设,只是将颓垣败壁略加修补,并非根本改造。而根本改造非俟教育普及、自治完成、宪政实现、立法机关中农民代表占大多数时,不能完成这伟大的工作。只能尽心力而为之,实难计日而待也。[1]

---

〔1〕 甘豫源:《三年来之黄巷实验区》,载《教育与职业》第3卷第9、10期合刊(1931年6月)。

教育学院于二十年(1931)冬决定另辟以自治区为单位的实验区,由俞庆棠、赵冕、甘豫源、秦柳方四君调查设计,划无锡县第十自治区为实验区,定名为北夏普及民众教育实验区。区内面积 1385 平方里,人口 27 164 人,耕地 43 589 亩,市集 4 处,村落 342 个;自治组织分 4 镇 16 乡。因为范围太广,现暂以西部 6 乡 1 镇的当全区 1/3,为集中试办区域,而以东部 10 乡 3 镇为推广区。于东亭设实验区总部,于亭庄、新塘、苏巷、下场、南钱设五支部。总部内分总务、政治、经济、文化四股,主持全区各项教育之进行,五支部则分别办理所辖乡镇范围内之教育事业。另设诊疗处于总部,并与实业厅合办区内农业推广,与江苏农民银行合办区内借款储金。各支部均设有民众夜校、民众茶园。其他活动,如家庭访问、防疟、种痘、选择稻种、拒毒、闾邻长谈话会、养鱼合作社也在次第进行了。[1]

黄巷从完成自治、普及教育入手,如甘豫源君说:"不是一个'经济'的实验,而是各种方法的试探……试探所得,便是由一村的实验而推至一区(如北夏)实验的准备。"[2]这种有计划、有方法的试探,既已得到很好的可能的结果,将会探出民众教育的一条准确的道路来。

五、 山东乡村建设研究院邹平试验县区

山东乡村建设研究院于二十年(1931)设立于邹平。邹平离胶济路周村站 30 余里。这研究院的设立和梁漱溟君所提倡的村治有关。梁君于十八年(1929)已在河南村治学院讲学,并开始《村治》杂志的主编了。所谓村治,不只是完成乡村自治的意思,而是一整个社会改造的理想计划。用梁君自己的话来说:

假使中国今日必须步近代西洋人的后尘,走资本主义路发达工商

---

[1] 甘豫源:《三年来之黄巷实验区》,载《教育与职业》第 3 卷第 9、10 期合刊(1931 年 6 月)。
[2] 见《北夏实验区概况》。

业,完成一种都市文明,那么,中国社会的底子虽是乡村,而建设的方针所指犹不必为乡村。然而无论从哪点上说,都不如此的。近代西洋人走的这条路,内而形成阶级斗争社会惨剧,外而酿发国际大战世界祸灾,实为一种病态的文明,乃人类文化的歧途。日本人无知盲从,所为至今悔之已晚的;我们何可再蹈覆辙? 此言其不可。西洋其实亦何尝愿为工商业偏欹的发展,都市的畸市发达;然而走资本主义自由竞争的路,则农业是要受到桎梏,乡村是要归于衰落的。在他们那地势,那时际,犹且吃得住,索兴走上工商业的偏锋,回头再谋救济农村,在我们如今则万万吃不住。此言其不宜。抑更有进者,我们今日便想要走西洋的道儿亦不可能。在这世界上,个个俱是工商业的先进国,拼命竞争,有你无我;我们工商业兴发之机早已被堵塞严严地不得透一口气。正不是愿步他们后尘或不愿的问题,而是欲步不能了。因此,除非没有中国建设问题可说,如其有之,正不外谋其乡村的发达,完成一种"乡村文明。"[1]

乡村建设,事项虽多,要可类归为三大方面:经济一面,政治一面,教育或文化一面。虽分三面,实际不出乡村生活的一回事。故建设从何方入手,均可达其他两面。例如从政治方面入手,先组成乡村自治体,由此自治体去办教育,去谋经济上一切改进,亦未尝不很顺的。或从教育入手,由教育去促成政治组织,去指导农业改良等经济一面的事,亦可以行。但照天然的顺序,则经济为先,必经济上进展一步,而后才有政治改进、教育改进的需要,亦才有作政治改进、教育改进的可能。如其不能,需要不到,可能性不够,终是生强的作法。[2]

梁君说我们应该认清题目,握定纲领:

---

[1] 梁漱溟:《中国民族自救运动之最后觉悟》,中华书局1932年版,第207—208页。——编校者
[2] 同上,第212—213页。——编校者

题目便是辟造正常形态的人类文明，要使经济上的"富"，政治上的"权"，综操于社会，分操于人人。其纲领则在如何使社会重心从都市移植于乡村。乡村是个小单位社会，经济组织、政治组织，皆天然要造端于此的，一切果从这里建造起来，便大致不差。恰好乡村经济建设要走"合作"的路，那是以"人"为本的经济组织，由是而政治亦自形成为民主的。那么，所谓富与权操于人人，更于是确立。现在所急的，是如何遵着这原则，以培起乡村经济力量、乡村政治力量。这培起乡村力量的工夫，谓之乡村建设。乡村建设之所求，就在培起乡村力量，更无其他。力量一在人的知能，二在物资；而作用显现，要在组织。凡所以启发知能，增殖物资，促进组织者，都是我们要做的。然力量非可由外铄，乡村建设之事，虽政府可以作，社会团体可以作，必皆以本地人自作为归。[1]

乡村建设研究院分研究部与乡村服务人员训练部。

研究部第一届招学生30人，"不拘大学专门学校毕业的资格，致失奖励知识分子转向乡村去的本意"。课程不取讲授方式，或个别谈话，或集众讨论，并可特约讲师函授。修业期限二年。

训练部学生7班，每班40人，其资格须世代居乡，至今犹住家在乡村，曾受相当教育（略如初中），年龄在20岁以上，35岁以下的。训练内容为认识各种实际问题的知识和应付解决这些问题的技能——如办事的应用文、合作的应用簿记、自卫的军事训练之类。部主任之下，每班设一班主任，"学生精神之陶炼，学识之培益，身体之保育锻炼等，以班主任的指导、照管为中心"。班主任与学生同起居，共饮食，生活的指导是很严密的。修业期限也

---

[1] 梁漱溟：《山东乡村建设研究院设立旨趣及办法概要》，载《中国民族自救运动之最后觉悟》。
　　[《山东乡村建设研究院设立旨趣及办法概要》与《中国民族自救运动之最后觉悟》两文都是首刊于梁漱溟在北平所办《村治》月刊，发表于1931年。1932年6月中华书局结集出版，并沿用后者为书名。此处引文参见梁漱溟：《中国民族自救运动之最后觉悟》，中华书局1932年版，第217页。——编校者]

是二年。

学生"结业"以后,回乡如何服务,与各县建设从何着手,殆为一问题……假如各县于乡村建设之事,从上面有所兴举,自应分派各地方,因所兴举而定着手之事。假使上面机缘不好,或政府未暇兴举,则应各回乡里,在本院指导之下自行办理乡农学校为宜。

研究院所在的邹平县即为试验县区,以县长为区主任。试验区的用意有二:一、训练学生不徒在口耳之间,更有实地练习试做之资;二、以此为各县乡村建设示范,本省乡村建设起点。试验区事业从农业改进入手,第一年,约经过订定农业改进计划、举行农品展览会、办理乡农学校、实施农业推广四个期间。

乡农学校是在农暇时举办的一种民众学校。学生年龄自十余岁至五六十岁不等。分普通班与高级班。高级班课程有精神陶炼——"敦本善俗,孝弟力田"、国学(《论语》)、国文(文选如马援:《诫兄子书》)、史地、算术和农村问题。农村问题不上课,每天于晚餐后在村舍前空场上围坐,村人报告事实,教师供给知识,因而引起农业改进的动机。

邹平认定乡村建设包括经济、政治、教育三个方面:以为"照天然的顺序,则经济为先"。它的实际设施似乎和别的实验区也没有什么两样。自然,它是更加表现出严正、刻苦的精神,也带上了邹、鲁是它的故乡的儒家教化的深厚的色彩。它所特异的却在于它所企求的全般社会的改造和它所出发的一种体系化的理论。在这理论中,它毫不犹豫地否定了中国工业化的必然性,而指示一条"乡村文明"的道路,这是最值得我们深思的。

第九章
心理问题

一、 贫穷与智慧

要破除因袭的传说和主观的偏见，教育便应该重新放在一个科学的基础上。这基础，心理科学和社会科学都在努力建筑着。它们对于民众教育已有怎样的发现，这是以下两章所要简略说明的了。

在民众教育上，第一便有民众——大多数的人民——的智慧问题。在古代，智慧被当作特殊阶级的遗传。有着像印度那样严峻的阶级壁垒的社会，固然不必说；就是欧洲，直到法兰西大革命以前[1]，智慧还是被视为贵族僧侣所独有。愚昧和贫贱是因果，聪明和富贵是相联。教育文化的独占，事实上是阶级的支配，却偏归功于上帝赋予下民智慧的不等。这种观念已随着市民革命而革掉不少了。

可是，就在今日心理科学上，"智慧与社会身份的关系"（Intelligence and Social Status）也还成一个研究的问题。

心理学的权威者，如法国的比纳（Binet）、德国的霍夫曼（Hoffman）、美国的耶基斯（Yerkes）等，都肯定这二者是相关的。据最近智力测验的结果，英国达夫（Duff）、汤姆森（Thomson）二氏，测验 13 419 儿童，按照他们父母的职业分类，证

---

[1] 法兰西大革命即 1789 年法国资产阶级革命。——编校者

明自由职业者子女的平均智力商数(I. Q.)为 112.2,劳动者子女的平均智力商数则只有 96。[1] 美国普雷西(Pressey)、罗尔斯顿(Ralston),同样证明在全体被测验者智力中数以上的,自由职业者的子女占 85%,行政人员的子女占 68%,技艺工匠的子女占百分之 41%,而普通劳动者的子女则仅占 39%。[2] 又,布里奇斯(Bridges)、科勒(Coler)在美国《心理杂志》发表《智力与社会身份的关系》一文,比较了哥伦比亚(Columbus)与剑桥(Cambridge)二市儿童的智力,重复证明以前许多人的结论。他们并且说,如果入学年龄不依实足年龄而依智力年龄计算,则自由职业者子女该比劳动者的子女早入学二年,因为前者的智慧早成熟二年的缘故。[3]

对于这些心理学者研究的忠实和精确,谁也不应怀疑吧。但,根本上还有一二点须检讨的。

第一,愚昧是贫穷的原因呢还是贫穷的结果？家庭、邻里和其他的环境,书籍、绘画、乐器、报纸以及一切文化的工具,都与早期的智力的发展有关。以贝多芬、弥尔顿那样的天才,若使生长在撒哈拉的沙漠里,也决不会有那样乐曲和诗歌的伟大创作的吧。"环境"与"遗传"之争在这里又可以爆发。所以布里奇斯与科勒在研究的结论中,很郑重地说："我们只确定了这事实和智力差异的数量。我们并没有讨论它们的原因,为的是所得的材料不能够帮助我们解释这原因。环境论者与遗传论者各可以有相当的解释。前者自然注重家庭、学校等的差别；

---

[1] Duff and Thomson, The Social and Geographical Distribution of Intelligence in Northumberland, 见 Skinner and Skinners: *Readings in Educational Psychology* 所引。
[J. F. Duff, G. H. Thomson, The Social and Geographical Distribution of Intelligence in Northumberland, *British Journal of Psychology*, Part I, No. 14, 1923, pp. 192-198. Charles Edward Skinner, Ira Morris Gast, Harley Clay Skinners(Eds.), *Readinsg in Educational Psychology*, New York: D. Appleton & Co., 1926. ——编校者]

[2] Pressey and Ralston, The Relation of the General Intelligence to the Occupation of Their Fathers。见同书所引。
[S. L. Pressey, Ruth Ralston, The Relation of the General Intelligence of School Children to the Occupation of Their Fathers, *Journal of Applied Psychology*, No. 3, 1919, pp. 336-373. ——编校者]

[3] Bridge and Coler, Intelligence and Social Status, 见同书所引。
[J. W. Bridge, L. E. Coler, The Relation of Intelligence to Social Status, *Psychological Review*, Vol. 24, 1917. ——编校者]

后者也可以溯于父母品性、智慧等的不同。"[1]我们不说遗传论已可完全取消，虽然它是被一部分行为主义者否认了的。我们至少承认环境与遗传有同等重要的影响，那也就等于承认前述许多测验的结果可以有不同的解释了。

第二，被测验的智力到底是"先天"的呢抑是后获的？科尔文（Colvin）以为，所谓"先天"的智力不能测量；我们只能测量后获的智力，从它的差异而推测"先天"的智力的差异。[2]这是假定被测验者的环境、经验、教育等完全相同的。巴格莱（Bagley）因此说，现在所用的测验材料只可发现某种限度内智力的差异；如超过这限度时，环境、经验的因素愈多，测验的结果愈不准确。他说，智力有因教育而得到相当的发展的可能。他所最反对的是以智力的高下决定教育机会的多少；这，他说，将会给予平民主义一个致命的打击的。1922年，他以《平民主义与智商》（*Democracy and I. Q.*）一论文引起与测验专家惠普尔（Whipple）等的热烈的论战。[3]平情而论，心理学者中间原也没有一个是主张以智力的差异来限制教育的机会的。他们至多说：人们的能力有这样显著的差别，为适应这种差别，他们所受的教育的性质和内容不应当完全相同罢了。但教育的民众化却因巴格莱这一度的顽强的防御战，而愈加巩固了它的阵线。

二、 年龄与学习

在民众教育上，心理学所探讨的第二个问题是年龄与学习的关系。

民众，有成年失学的，也有受过一点教育因无法脱离直接的生产劳动而辍学

---

[1] J. W. Bridge, L. E. Coler, The Relation of Intelligence to Social Status, *Psychological Review*, Vol. 24, 1917, pp. 28‑29. ——编校者

[2] *Yearbook of National Society for the Study of Education.* [Bloomington, IL, 1916. ——编校者]

[3] 所有论辩的文章，搜集在 *Educational Determinism* 一书中。
[这些文章有：W. C. Bagley, Educational Determinism or Democracy and the I. Q., *School and Society*, 1922, Vol. XV, pp. 373‑384; L. M. Terman, Psychological Determinism or Democracy and I. Q., *J. Educ. Research*, 1922, Vol. VI, pp. 57‑62; W. C. Bagley, Professor Terman's Determinism, *School and Society*, 1922, Vol. XVI, pp. 141‑144; G. M. Whipple, Educational Determinism: A Discussion of Professor Bagley's Address at Chicago, *School and Society*, 1922, Vol. XV, pp. 599‑602; etc. 后来由 Bagley 编辑成 *Educational Determinism* 一书由芝加哥大学出版社于 1925 年出版。——编校者]

的。到他们年龄大了,依然有和儿童青年一样的学习能力么？从来说："时过然后学,则勤苦而难成。"美国心理学者詹姆斯(James)并且肯定地说："除了在他专力的业务以外,一个人25岁以前所得的观念便是一生所有的观念了。他再也不会学习什么新的东西。他没有了好奇性,他的思想的窠臼固定了,吸收的能力消失了。"[1]

这种判断,到近年桑代克(Thorndike)等的研究发表了,才一部分的推翻。1926年,桑代克、布雷格曼(Bregman)、蒂尔顿(Tilton)、伍德亚德(Woodyard)四博士,受卡耐基基金团(Garnegie Corporation)的补助,开始大规模的成人学习的研究,于1928年,以《成人之学习》(Adult Learning)一书公表他们的结果。

他们所试验的有智力优异的成人,有补习夜校的青年,有书记,有监狱的囚犯。他们的试验包括错手写字、世界语、各种补习学科、打字、读法、拼法等各种材料。他们的结论,是:

> 学习能力的最高点约在20至25岁间。自此至42岁,其间学习能力的减退约不过13%至15%。在一般学习能力上,25岁至45岁的时期优于儿童的时期,而等于——或优于——青年的初期。[2]

但在事实上,25岁至45岁间的人,其学习确比5岁至25岁间的人少得多了。这不单因学习能力的减退,而健康的渐减,学习兴味的淡薄,学习机会的希少,都是主要的原因。

在《成人之学习》以及桑代克、盖茨(Gates)合著的《教育原理》(The Elementary Principles of Education)里,都讨论到教育应否集中于儿童时期抑分布于成人时期的一个问题。他们以为前此教育集中于儿童时期,原有许多理由,如:(1)幼稚时期依赖性多,可型性也富,幼儿的反应杂乱而少效力,但

---

[1] James, *Principles of Psychology*, Vol. II, p. 402. [New York: Henry Holt & Co., 1890. ——编校者]

[2] Thorndike, *Adult Learning*, p. 147. [New York: MacMillan, 1928. ——编校者]

同时也易于变换,他的生长与成熟既需时间,自然最适于施行教育;(2) 早年学习为后来学习之基础,因此也更加重要;(3) 学习的愈早,应用的时间愈长;(4) 幼儿较服从,所以较易施教;(5) 幼儿做劳动的工作危险多而结果少,没有充分的生产的能力。

但青年期和成人期,在教育上也有同等的重要。其理由,如:(1) 依赖、服从并不是学习上最好的条件,自动、表现、创造等,尤其是要紧,而这些品质却要到青年期以后才得发展;(2) 因为有了早年学习的基础,后来的学习更易成功;(3) 学习能力从 14 岁起与年俱进,到 20 岁至 25 岁间达到最高度,此后慢慢地减退,每年约减 1% 而已;(4) 现代生活需要的学习总量在增加;(5) 这种学习的难度又不适于 14 岁以下的年龄,所以青年期以后的教育遂日见重要。他们说:

> 人类学习的能力和生活的需要,都显示着人们自出世到衰老,在任何年龄的学习都有同等的可能和必要。教育的功能之一,在于及早教人能够充分地、永久地自己教育自己。教育的开始不嫌其早;而它的继续也不厌其长。人生该是一继续不断的学习。学习愈有效,生活便愈丰富。[1]

儿童和青年期以后的教育既然应该继续,而系统的学校教育若无限地延长,也有下列的弊害:(1) 增加负担,减少生产力;(2) 教育易与实际生活隔离;(3) 因服从、灌注而思想易于蔽塞;(4) 易养成经济的依赖性。要避免这些弊害,一方面教材、教法应有适当的变更,如注重生产的活动、采用设计的教学等,而一方面则:

---

[1] Thorndike and Gates, *Elementary Principles of Education*, ch. 9.
[E. L. Thorndike, Arthur I. Gates, *Elementary Principles of Education*, New York: MacMillan, 1929, chapter 9. ——编校者]

与其把教育集中在儿童和青年期的几年中，不如把它分布在一个较长的时期。在这时期内，每年课业所占的时间递减，而实际工作所占的时间递增。或者竟把课业和工作时间交互更替，直到成人时期。[1]

三、 学习的过程

教学的方法应根据学习的过程(Learning process)。这问题在教育上是这样的重要，所以虽不限于民众教育，也得附带地略为说明。

桑代克从动物心理的研究中，于1913年归纳为几个学习的原则，称为"学习的定律"(Laws of learning)。他以为学习的性质是一种"尝试与错误"(Trial and error)的过程；学习的结果是"刺激与反应联结"(Stimulus-responne bonds 简写 S——→R bonds, 译称感应结)的牢固。在许多尝试与错误中，某一反应发生满足便被选择了；某一反应发生烦恼便被淘汰了。新的感应结的构成和牢系有下列几个条件：(1) 感应结愈反复使用，愈牢固，愈不用，则愈减弱；(2) 愈得到满足，愈牢固，愈得到烦恼，则愈减弱；(3) 某一感应结准备着动作时，动作则得满足，不动作便得烦恼，某一感应结不准备着动作时，而强使动作，便也发生烦恼。这称为"练习"(Exercise)、"效果"(Effect)、"准备"(Readiness)三定律。[2] 但严格地说，"准备"律不过是"效果"律的一个注解，所以实际上只有"练习"与"效果"二律而已。20年来，最有力的学习心理和教学法几乎就只是这几个原则的引申和应用。

同时，华生(Watson)于1913年也开始主倡行为主义(Behaviorism)的心理学。像桑代克那样不以旧时的"理知"解释学习，而把它当作一种盲目的尝试错误过程，华生看来还是不够客观的，什么满足和烦恼还是在假定"意识"作

---

〔1〕 Thorndike and Gates, *Elementary Principles of Education*, ch. 9. [E. L. Thorndike; Arthur I. Gates, *Elementary Princples of Education*：New York；MacMillan；1929, chapterg. ——编校者]

〔2〕 Thorndike, *Educational Psychology*, *Briefer Course*,陆志韦译：《教育心理学概论》[商务印书馆1926年版。——编校者]。
[Thorndike, *Educational Psychology*, *Briefer Course*, New York：Teachers College Press, 1914. ——编校者]

用,而非客观地说明"行为"的。他采取俄国生理学者巴甫洛夫(Pavlov)与别赫切列夫(Bechterev)所发见的"替代反射"(Conditioned reflex)说,认学习为一种反应的"替代的过程"(Conditioning)。依据这原则,他只承认"练习"律而绝对排斥"效果"律。[1]可是,在桑代克呢,正相反的,他从 1927 年后已放弃"练习"律,而只承认"效果"律了。[2]这样,在学习问题上桑代克与华生是各走了极端。

同时,德国又有一派完形主义(Configurationism)[3]的心理学者,如考夫卡(Kofka)、苛勒(Köhler)等,也坚决地反对桑代克的学习理论。照他们所做动物心理的试验,认为学习的要素是"了解"(Insight);学习绝不是一个盲目的尝试错误的过程。脑的活动是整个的、完形的,绝不是如桑代克所说,个个刺激反应的联结而容许分析的。动物在它的整个生活情境中遇着困难或问题,好比是一个完形发现了罅缺似的而设法求其补足(Closing the gaps),谓之学习。

伍德沃思(Woodworth)说:"关于学习过程,现在进行着三角式的辩论。我们有各种的事实,也有各种不能解释一切事实的理论。我们有尝试错误的事实和'效果'的理论;我们有替代反射的事实和'替代'过程的理论;我们也有'了解'的事实和补足缺陷的理论。"[4]要详细说明这各派的理论,不但超出本书的范围,也超出编者的能力了。

没有更多的试验和研究,则所谓"学习的定律"还不会归纳成功,而一切实际教学上所应用的心理原则,就只有这点薄弱的动摇着的基础。

---

[1] Symonds 曾制替代反应的学习的定律 23 条,见 Sandiford, *Educational Psychology* 所引。
 [Sandiford, *Educational Psychology*, Longmans, Green, & Co., 1932.——编校者]
[2] Thorndike, *Human Learning*.
 [Thorndike, *Human Learning*, New York: Century Co., 1931.——编校者]
[3] 格式塔心理学(Gestalt Psychology)是由德国心理学家惠特海默(M. Wertheimer)于 1912 年在德国法兰克福首创,它的兴起比行为主义在美国的兴起还早一年。格式塔是由德文 Gestalt 音译而成,它的原意是指形式(Form)或形状(Shape)。铁钦纳(Edward Bradford Titchener)最早称它为完形主义(Configurationism),所以后来许多人也称格式塔心理学为完形心理学。——编校者
[4] Woodworth, *Contemporary Schools of Psychology*, p. 123.
 [Robert S. Woodworth, *Contemporary Schools of Psychology*, New York: Ronald Press Co., 1931.——编校者]

第十章
社会基础

一、人生的活动

怎样教？怎样学？这决定于心理的过程。教什么？学什么？便该适合社会的需要。假使教育的方法必以心理科学为它的根据，那么，教育的目的和内容，也该以社会科学为基础了。

在教育史上，许多教育者、哲学者曾提示过许多不同的教育目的。这些目的都反映着他们各各不同的时代和社会的需要，没有一个例外。近来，用"活动分析"（Activity analysis）的客观方法以决定"教育目标"（Educational objectives）的人，常说前人所提的目的都是主观的、偏见的、不恰合社会需要的，其实这也错怪了他们。不过，以前的人或许没有觉着时代和社会在自己思想上所产生的影响，也没有意识地用现实生活作为自己理论的根据，那却有时是真的。

可是，社会学在今日还不依然是一个理论的战场？关于社会的起源、发展、组织、演变，有的人从自然环境来说明，如拉采尔（Ratzel）、亨廷顿（Huntington）；有的人则从生物的观点来解释，如斯宾塞（Spencer）、设菲尔德（Schaeffle）；采取心理的观点的，如沃德（Ward）、吉丁斯（Giddings）、埃尔伍德（Ellwood）；采取经济的观点的，如希尔德布兰德（Hildebrand）、施穆勒（Schmoller）。因观点的不同，他们各自建立了自己认为合理的社会学的体系。到底各有多少的科学性，那是还待检讨和估量的。

这里,我们离开理论的分歧,而来凝视现实。人生在社会里的活动有哪些主要部门呢? 我们不妨先引比利时一个社会学者德·格里夫(de Greef)的分类:

1. 经济的(Economic)活动;

2. 产生的(Genetic)活动;

3. 艺术的(Artistic)活动;

4. 知识的(Religious, metaphysical, scientific)活动;

5. 道德的(Moral)活动;

6. 法律的(Juridical)活动;

7. 政治的(Political)活动。

但,比较简单、明了的,要算萨姆纳(Sumner)的分类:[1]

1. 生命的维持(Maintenance);

2. 种族的延续(Perpetuation);

3. 社会的统制(Regulation);

4. 兴味的满足(Gratification)。

原来,个人必须维持个体的生命,又以繁殖而延续种族的生命,乃是基本的要求;为达到这要求而行的经济的活动,便是基本的活动。德·格里夫把它列为第一,是很对的。社会的统制(法律、政治),其方式是被经济的关系决定了的。而一切社会观念的形态(宗教、道德、知识、艺术),又或多或少地是那统制的反映。它们彼此相互的关系当然很多而且很复杂。但这样说明社会组织的层次怕是不会错的。照此,德·格里夫表中第三项以下的序列还得重行修改呢。

二、 教育的目标

现在,掉转一个方向,让我们来看教育的目标。

---

[1] Summer, Keller, *The Science of Society.*
[William G. Summer, Albert G. Keller, *The Science of Society*. New Have: Yale University Press, 1927.——编校者]

斯宾塞早在 19 世纪就说,教育的目的在于完满生活的预备。在他的《教育论》中,因为要决定什么是最有价值的知识,他分析人生活动为以下五类:

1. 直接关于维持个人生命的活动;

2. 间接关于维持个人生命的活动;

3. 关于种族繁殖的活动;

4. 关于社会政治的活动;

5. 休闲的利用和满足兴味的活动。

你看,这和最近萨姆纳的社会活动的分类是怎样地吻合。

近十年来,美国教育者如博比特(Bobbitt)、查特斯(Charters)等,高唱"活动分析"法。具体的列举的教育目标,往往连篇累幅,至千百条。博比特把它们归成十类:一,语言活动;二,健康活动;三,公民活动;四,社交活动;五,休闲活动;六,精神健全活动;七,宗教活动;八,父母性活动;九,非职业的实际活动;十,职业活动。[1] 应用社会调查的方法,探索现实生活的需要,这诚然表现出客观研究的精神。可是,过于琐碎、繁冗,徒然增加它的炫目性,反把基本的目标隐蔽着了。

其实,大家对于教育的基本目标已经有了共同的认识。研究初等教育的庞锡尔(Bonser)、研究中等教育的库斯(Koos)、教育社会学者斯内登(Snedden),都列为健康、生计、公民、休闲四类,虽然各人所用的名词不同。为便于对照,把它们列出一个表来:[2]

---

[1] Bobbitt, *How to Make a Curriculum*.
　　[Franklin Bobbitt, *How to Make a Curriculum*, Boston: Houghton Mifflin Co. , 1924.——编校者]
[2] Bonser, *The Elementary School Curriculum*. 郑宗海译:《设计组织小学课程论》[商务印书馆 1925 年版。——编校者]。
　　[Frederick G. Bonser, *The Elementary School Curriculum*, New Work: MacMillan Co. , 1920.——编校者]
　　Koos, *The American High School*.
　　Snedden, *Educational Sociology*.
　　[David Snedden, *A Digest of Educational Sociology*, Kessinger Publishing, 1920. ——编校者]

庞　锡　尔	库　　斯	斯　内　登
维持生命与健康的活动	身体的效能	健康教育
实际的活动	职业的效能	职业教育
公民的活动	公民社交道德的责任	社交教育
休闲的活动	娱乐和审美	文化教育

你看,这和早先斯宾塞的分析又是怎样地吻合。

因为经济的活动是人生基本的活动;教育要和人生有密接的关系,也就以发展经济活动为它的第一个目标。

中华民国教育宗旨在"根据三民主义以充实人民生活,扶植社会生存,发展国民生计,延续民族生命。"[1]这种教育,更是必须建筑在经济基础之上的。

三、 经济的基础

民众——大多数的人民——要以生产的劳动维持自己的生命。如其完全缺乏生活的资料与剩余的时间,而常在贫穷与劳苦中挣扎着,则他们不独不会感觉教育文化的需要,也简直没有享受教育的可能。

中国停滞于农业生产的阶段是很久的了。1842 年以后,受了外来势力的侵略而开始工业化,但大多数人民的主要生产还是农业的生产;国外商品和资金的输入虽促成几个都市的勃兴,同时也压迫着农村而使它急速地崩溃。新的经济基础至今还没有奠定起来。在这苦痛的过程中,我们看一看民众的经济生活是怎样。

农人是向来贫穷的。《七月》之诗,算是讴歌古代农民生活的满足的。然而

---

〔1〕《第一次中国教育年鉴》(甲编),开明书店 1934 年版,第 8 页。——编校者

"一之日于貉,取彼狐狸,为公子裘。二之日其同,载缵武功。言私其豵。献豜于公。……九月筑场圃,十月纳禾稼。黍稷重穋,禾麻菽麦。嗟我农夫,我稼既同,上入执宫功。昼尔于茅,宵尔索绹"。[1] 也未尝不隐含着农人供给现物租税和徭役的嗟叹。至于《伐檀》诗的"不稼不穑,胡取禾三百廛兮? 不狩不猎,胡瞻尔庭有县貆兮",[2] 更暴露着对于榨压的怨恨了。到了土地制度确定,商业势力加强,则有如汉朝晁错所说,农人"春耕夏耘,秋获冬藏,伐薪樵,治官府,给繇役;……四时之间亡日休息;又私自送往迎来,吊死问疾,养孤长幼在其中。勤苦如此,尚复被水旱之灾,急政暴赋,赋敛不时,朝令而暮改。当具有者半价而卖,亡者取倍称之息,于是有卖田宅鬻子孙以偿债者。……此商人所以兼并农人,农人所以流亡者也"。[3] 宋苏洵也说,田主"地大业广,阡陌连接,召募浮客,分耕其中,鞭笞驱役,视以奴仆,安坐四顾,指麾于其间。而役属之民,夏为之耨,秋为之获,无有一人违其节度以嬉。而田之所入,已得其半,耕者得其半。有田者一人而耕者十人,是以田主日累其半以至于富强,耕者日食其半以至于穷饿而无告"。[4] 在这样的土地制度和商人高压以下,大多数的农人只有破产了。

因此,在经济阶段的嬗递中,农村的崩溃可以说是一个历史的趋势。所谓"自古已然,于今为烈"罢了。自 1842 年以后,中国农村逐渐陷落在世界工业经济网以内,手工业破坏,商品输入,原料输出,商人利润愈加扩大;再加以政治的不安定,租税苛烦,兵匪扰乱,农村的崩溃遂加速度地进行,造成今日极严重的局面。关于这,读者只须稍为参考农村经济的专书,便可得到更深的了解。

现在农人生活贫穷到怎样的程度呢? 下表所列,是根据 1922 年的调查:[5]

---

[1] 《诗经·国风·豳风·七月》。——编校者
[2] 《诗经·魏风·伐檀》。——编校者
[3] 晁错:《论贵粟疏》,载《汉书·食货志上》。——编校者
[4] 见《汉书·食货志》及《文献通考·田赋考》。
　　[亦见苏洵:《嘉祐集》卷五《田制》。——编校者]
[5] Malone, Taylor, *The Study of Chinese Rural Economy*.
　　[C. B. Malone, J. B. Taylor, *The Study of Chinese Rural Economy*, Peking: C. I. F. R. C. Publication B-10, 1923. ——编校者]
　　[麻伦(C. B. Malone, 1886–1973),1911 年来华,在北京清华学校教授历史学,直到改为清华大学后才回到美国,与戴乐仁合著《中国乡村经济研究》。——编校者]

入息之等级	1—50	51—	71—	91—	101—	131—	1—150	151—	201—	301—	501—	1 001—	2 001—
农家百分比 鄞县 江苏各村	19.4	12.3	12.0	5.8	8.8	6.0	64.3	9.9	8.8	9.9	4.9	1.9	0.3
江苏各村	16.5	11.8	10.4	9.9	7.4	6.6	52.4	11.8	12.0	7.9	4.7	0.8	0.2
宿县	16.9	11.4	11.8	7.9	8.4	5.7	52.1	9.5	9.0	9.9	6.5	1.1	1.6
河北各村	62.2	7.7	5.1	2.8	2.7	2.0	82.5	3.5	4.6	4.3	3.0	1.3	0.7

调查者泰勒(Taylor)以每年收入150元为贫穷线；那么，农人的大多数都在贫穷线下了。再考查农人的生活费用，据金陵大学于1922至1925年调查13处地方2370农家，平均每年生活费用如下表：

地 方	食 物	房 租	衣 服	燃 料	杂 项	总 计
北 部	123.73	8.26	12.23	21.02	24.33	190.63
中东部	159.39	12.20	25.44	32.19	58.41	288.63
平 均	136.29	11.32	17.31	25.32	38.08	228.32

农家每年平均生活费为228.32元，这和前表150元的贫穷线一比，便可表示农人"入不敷出"的情形；破产、流亡自然是它的结果。

靠工资维持生活的产业工人其贫穷的情形也不减于农人。据 *China Year Book*(1931)，所载几个地方的工资如下表：

地方	每 月 工 资 数								
	男 工			女 工			童 工		
	最高	最低	普通	最高	最低	普通	最高	最低	普通
上海	50.00	8.00	15.28	24.00	7.00	12.50	21.00	5.00	8.09
无锡	30.00	7.77	20.00	21.00	15.00	17.10	13.50	9.00	10.50

| 地方 | 每 月 工 资 数 | | | | | | | | |
| | 男　工 | | | 女　工 | | | 童　工 | | |
	最高	最低	普通	最高	最低	普通	最高	最低	普通
南通	35.00	6.00	23.11	13.47	5.00	13.47	9.75	4.39	8.59
南京	30.00	6.50	10.80						7.50
宁波	24.00	7.50	24.00	18.00	8.00	9.00			6.00
汉口	41.00	8.00	19.50	19.20	6.00	19.20	9.00	3.00	4.50
广州	30.00	7.50	10.62			7.50			6.00
厦门	40.00	18.00	24.00	20.00	10.50	20.00	10.00		8.00
福州	23.00	12.00	18.00	21.00	10.00	12.00	9.00	3.00	8.00

工人的生活费用平均是多少呢？以上海为例，据 1926 至 1928 年之各调查，工人家庭每月生活费如下表：

调查者	工人种类	食物	房租	衣服	燃料	杂项	总计
朱懋澄	粗工	11.10	2.78	2.13	1.92	3.41	21.34
朱懋澄	细工	15.06	5.02	3.94	2.51	9.32	35.85
Sokolsky[1]	纺绩工	10.00	1.50	1.00	1.50	1.00	15.00
社会调查所	纺绩工	18.21	2.09	3.06	2.45	6.70	32.50

民众缺乏必需的生活的资料是这样了，再问，他们有多少剩余的时间呢？

---

〔1〕 索克思(George E. Sokolsky, 1893—1962)，俄裔美国学者。1917 年来华，后结识孙中山，并任创刊于 1904 年《远东时报》的主编。《远东时报》是当时外国在华发行的英文报刊中少数同情并支持孙中山革命的报刊之一。其在华 14 年，对中国当时政治、经济、教育等作了大量的研究，并发表了很多文章和著作。——编校者

"农忙时节,各处不同。中国北部农忙时期不长,每年不过是下种与收获两个时期较忙。中部便加多了,每年有四次农忙时期;倘若家中养了蚕,那就更忙了。'乡村四月无闲人',就是,男到田里去插秧,女在家里养蚕,孩子们便两面帮忙着。南部农忙时期更长,稻子每年两熟,番薯终年可以下种和收获;还有甘蔗、香蕉、柿、橘等,也终年继续着成熟。"[1]而且就是农暇的时间也还是忙着他们的副业,男的砍柴、打猎、捕鱼,女的织布。至于酿酒、造纸、烧砖瓦、织丝绸,更各地方各有习惯的工作。[2]农人的劳苦是这样。

工人也没有较多的闲暇。普通劳动者——粗工、手艺——不必说。就是产业职工,8小时制还没有实行。据工商部1928年的调查,上海大多数工厂的工作时间是11小时;武昌、广州,12小时;南昌,14小时。在所调查的6882工人中,26％每天工作14小时;14％每天工作12小时。[3]

于此,我们尤须注意应受义务教育的童工。现在童工确数没有统计。据泛太平洋劳动会议的估算,单上海一处,有童工94 000人。他们每天工作时间普通也是12小时。至于一般艺徒跟着业主习艺,业主向来负教导之责,依理,比工厂的童工要好得多。但"近年人民生计日见紧迫,旧式工商业主对待艺徒,遂日见苛刻,据调查所得,其不堪情形直较工厂童工有过之,无不及"。[4]例如关于北平地毯业的艺徒,《劳动年鉴》有如下的记载:"以正在发育之青年每日工作十三至十四小时,起居饮食恶劣不堪。屋内羊毛尘屑满布空中,艺徒有肺病及眼膜结粒炎者,已居多数……既未受过教育,又无机会读书。虽有慈善团体竭力提倡,使每日有一小时或二小时得受普通教育,卒因业主反对,无从实现。"[5]

中国的民众就是为这极度的贫穷与劳苦中的挣扎,而被摈于教育文化之圈

---

〔1〕张宗麟:《乡村教育》,上海世界书局1932年版,第7—8页。——编校者
〔2〕引张宗麟:《乡村教育》。
〔3〕见 *China Yearbook*,1931。
  [H. G. Woodhead, *The China Year Book 1931*, Shanghai: The North-China Daily News and Herald, Ltd., 1931。——编校者]
〔4〕王清彬等编:《第一次中国劳动年鉴》。——编校者
〔5〕见北平社会调查所,《第一次中国劳动年鉴》。

外的啊。[1]

　　经济没有进一阶段的发展,则民众教育的路永远不会打开,我想。现在的"民众学校"和"民众教育馆",只是民众教育的一个小小的起点。这起点当然是很重要的。继此的努力应该集中于开发新的民众的力量,造成新的经济的基础。民众教育者的任务没有更急于此的了。

---

[1]　参看古楳:《为什么现在的教育不是民众的》,载《中华教育界》第 19 卷第 10 期(1927)。

后 记

在此稿制版以后,我看到了 1931 年来华的国联教育考察团的报告书,称为《中国教育之改进》(国立编译馆版)的译本。[1]

使我们惴惴的是,原书第四章《成人教育》一开头便说:"成人教育为中国教育最令人满意之一点。"[2]

但其中有一项建议,我不得不郑重地给它补记在这里:

关于成人教育之改进可得而建议者只有一端,即此种教育应更趋实际化并求更接近日常生活是也。即由今日之成人教育观之,大都为一种知识上之消遣与游戏,而非改造社会生活之因素。然而鉴于中国社会经济状况急须近代化之迫切要求,民众教育之主要目的应即指示达到此近代化之途径。故今日用过去之事物以解释一切之习惯,甚为不妥。应如俄罗斯人之直观教授,注重将来之需要,方为有益。中国儿童教育及成人教育恒不注意于未来,此或由中国人之历史观念特别发达使然。但欲使中国迅速近代化,则中国人民非废除回顾既往,而注重

---

[1] 1931 年 9 月 30 日,国际联盟教育考察团应国民政府之请到达上海,该团先后在上海、南京、北平、河北定县、杭州、苏州、广州等地考察教育,12 月中旬结束。1932 年 12 月,国际联盟教育考察团之考察报告《中国教育之改进》由国立编译馆翻译并发行。——编校者

[2] 《中国教育之改进》,国立编译馆 1932 年 12 月版,第 208、213 页。——编校者

将来不可。[1]

鉴于中国社会经济状况急须近代化之迫切要求,民众教育之主要目的,应即指示达到此近代化之途径,这主张,于我是该报告书中最令人同意之一点。

孟宪承　二二年(1933)二月,杭州。

---

[1] 《中国教育之改进》,国立编译馆 1932 年 12 月版,第 213 页。——编校者

编校后记

　　孟宪承编著的《民众教育》，由上海世界书局于 1933 年 3 月印行，是"世界新教育丛书"之一。

　　民众教育，在孟宪承先生看来，就是为"大多数人民的教育"。20 世纪初开始，我国教育学者就开始译介外国民众教育的有关理论与实践。到了二三十年代，晏阳初、梁漱溟、黄炎培等人在平民教育、乡村教育、职业教育等领域，对我国民众教育的理论与实践，开展了各具特色的深入探索。这一时期陆续出版了如吴敬恒的《二百兆平民大问题》(1924)、李蒸的《民众教育演讲辑要》(1931)、甘豫源的《新中华民众教育》(1932)、张宗麟的《乡村教育》(1932)、《乡村教育经验谈》(1932)等专著，还有任白涛译介的《最近各国的补习教育》(1929)和孟先生自己编译的《丹麦民众学校与农村》(1931)两书；同时，《教育与民众》、《教育与职业》、《中华教育界》、《民众教育月刊》、《民众教育季刊》、《教育杂志》等教育刊物也发表了大量有关民众教育的研究成果。在这一背景下，孟先生也积极投身民众教育改革与实验，深入探索适合当时中国民众教育实际的目的与方法、组织与制度。这本《民众教育》就是这些实验与探索的思想结晶。

　　在《民众教育》出版过程中，孟先生读到了国际联盟教育考察团 1931 年来华考察的调查报告《中国教育之改进》(出版于 1932 年 12 月)。报告认为："成人教育为中国教育最令人满意之一点。"对此，孟先生并不赞同，因为当时中国的民众教育无论从普及程度还是深入程度来看，离"令人满意"一说还差很远。但是，他认同报告中的一个建议,即:出于中国社会和经济近代化的迫切性,中国的民众教育应当更关注未来,更求实际,更接近日常生活,成为改造社会的要素。这个建议,实际上与孟先生写作《民众教育》的指导思想是不谋而合的。

在编校过程中,除凡例所表明的工作之外,对原有的注释加上了有关出版信息,并以方括号([   ])标示。

郭 军

2008 年 7 月

孟宪承文集·卷四 ｜ 民众教育辞汇

序

搜集所得的材料,用卡片摘记下来,分类排列保存,以供参考和应用——这本是外国许多研究家、著作家所惯用的一个法子。最近一位朋友从美国回来,谈起那位大社会学者萨姆纳(Sumner),成功他的四大卷的《社会科学》(*The Science of Society*)的巨著,所积卡片有五十匣,每匣三千张之多。我友已在《社会学刊》上给他介绍了。这便是用卡片材料做研究方法的一个近例。

四年前,我在伦敦《泰晤士报·教育副刊》上,看见一篇记载,说英国一个试验学校,叫蒂普特里[1]学校(Tiptree Hall)的校长麦克芒恩先生(MacMunn),他废掉了班级教学,而采取学生分团自由研究。他的主要工具,便是师生共同在书报上摘录的许多卡片。他们整理保存起来,竟成了一部小小的百科全书。那时我在《新教育评论》一卷八期上,已给他介绍过。这更是用卡片材料做教学方法的一个特例了。

近几月来,我们为要研究民众教育的问题,我和张钟元、马祖武、周耀、阎敦建诸君,努力搜集了不少外国成人教育的材料,就用卡片记录的方法。我们所积的纸片,一天天的增多了。有人说,我们何不选择一部分编印出来? 或许我们现在的辛苦,也可以节省人家将来的劳力。结果便先成了这一本《民众教育辞汇》。他们叫我说明这个缘起,作为一篇序文。

---

[1] Tiptree,今译蒂普特里,英国南部的一个小城。位于科尔切斯特附近,以盛产果酱出名。——编校者

书中"研究"一条说：

> 用严密的方法，探求某项事实或原理，而得到一个正确的结果，谓之研究（Research）。这种方法，通用的有：历史法（Historical Method）、访问和调查法（Questionnaire and Survey Method）、统计法（Statistical Method）、试验法（Experimental Method）、例案法（Case-study Method）等等，都是各种科学所共同的。习惯语内，将随便调查一项事实，或考量一个问题，也泛称为"研究"，那是无当于学术上的所谓"研究"的。

我们这种工作，只是搜集材料的一个初步，当然也是无当于学术上的所谓研究的。

孟宪承　一八（1929），一二，一二·杭州

例言

（一）这《辞汇》的目的,在搜集国内外成人补习教育和社会教育的各种组织、活动、人物、主要书报,以及其他材料,分条记载,排列成功一个便于翻检的形式,以供参考。

（二）书中各条,依第一字笔画多少的顺序排列[1]。并另编分类的"索引",以便检查。

（三）每条各成一很简括的、比较有条理的叙述。编者参考的书很多,却决不是胡乱抄写。例如序文里所引"研究"一条,我们不但翻了几种字典、辞书,也看了几种专门著作,如 Crawford, *Technique of Research in Education*；Good, *How to do Research in Education* 等,然后写成那百来个字。我们所搜集和参考的原书,列举起来,固嫌冗长,也无必要。另刊《英美民众教育书目》一册,读者可以参看。

（四）我们除关于英美的材料比较熟悉以外,关于其他各国材料,也常靠通信访问。例如德国部分,便承留德的王光祈先生[2]供给我们很多材料；日本部

---

〔1〕 繁体简排后,原词条据简体笔画重新排序。——编校者
〔2〕 王光祈(1892—1936),字润玙,又字若愚。四川温江人。音乐学家、社会活动家。1914 年入中国大学攻读法律。1920 年赴德国留学,先学德文和政治经济学,并兼任《申报》、《时事新报》和北京《晨报》的驻德特约记者。1922 年起改学音乐,在柏林从私人教师学小提琴和音乐理论,1927 年入柏林大学攻读音乐学。著有《中西音乐之异同》、《东方民族之音乐》、《翻译琴谱之研究》、《中国诗词曲之轻重律》和《中国音乐史》等书。——编校者

分,有东京帝大教育研究院的马宗荣先生[1]给我们帮助,并当志谢。

（五）这书匆匆付印,错误和缺略的地方一定很多。读者如肯告诉我们、指示我们,我们十分感谢,并当俟有再版机会时,一一补正。

---

[1] 马宗荣(1896—1944),贵州贵阳人。教育家。自幼勤奋好学,在中小学时,成绩优异。曾留学日本,先学矿务,不久又考入东京帝国大学转攻社会教育及图书馆学。毕业回国后任上海大夏大学(华东师范大学前身之一部分)社会教育系主任、图书馆馆长等职。曾被聘为日本岩波讲座讲师,讲述中国教育问题。抗日战争爆发后断然回国,并积极投入抗日救亡活动之中。曾在重庆负责筹备中央民教馆。参与筹建贵州大学。著有《社会教育概论》、《图书馆学概论》、《图书馆经营论》等。——编校者

笔画索引

八　画

一般名词

民众教育专家

民众教育重要书刊

编校后记

一画

《一文杂志》

(*Penny Magazine*)

这是英国工人的一种读物,由广学会(Society for the Diffusion of Useful knowledge)(见"广学会")出版。每册只售一便士,所以叫做"一文杂志"。这种杂志,销路很广,每期和《一文百科全书》(*Penny Ency-clopedia*)销售至七万五千册。内容常载自然科学及雕刻、绘画等,对于工人知识的灌输有很大的贡献,因此广学会的声誉也随着这杂志而大著。

二画

二黄

旧戏的一种腔调。欧阳予倩[1]说:"二黄当初是不过一种牧歌式的歌唱,几经进步,才变成了现在的形式。最初盛行在湖北,而湖北唱戏的人,以黄陂、黄冈为中心……从湖北流传到安徽,再由安徽传到北京,便成了'京二黄'。"

儿童保育所

法国儿童保育所,凡贫苦子女皆可送入由公家保养,不收费用,且可随时领回。

儿歌

民间文学,给儿童唱的。有催眠止哭的歌,如浙江的"又会哭,又会笑,三只黄狗来抬轿。一抬抬到城隍庙,城隍菩萨看见哈哈笑"。有练习语音的歌,如"天上一颗星,地下一块冰,屋上一只鹰,墙上一排钉。抬头不见天上的星,乒乒乓乓踏碎了

---

[1] 欧阳予倩(1889—1962),原名立袁,号南杰,艺名莲笙、兰客等。湖南浏阳人。戏剧、戏曲、电影艺术家。1907年在日本留学期间参加春柳社。1911年回国后倡导新剧运动,先后组织和参加长沙文社剧团、上海新剧同志会等。1926年创办广东戏剧研究所,1932年参加中国左翼剧联。建国后历任中央戏剧学院院长、中国文联副主席等职。著有《欧阳予倩剧作选》等。——编校者

地下的冰。啊嘘啊嘘赶走了屋上的鹰,息列忽落拔掉了墙上的钉"。有描写生活和环境的歌,如"排排坐,吃果果,爸爸买的好果果,弟弟妹妹各一个"。又如广东的"芽菜煮虾公,芽菜白,虾公红,红白相间在碗中,还有几条韭菜绿葱葱"。儿歌在文学和教育上的价值,近年大家都承认了(参考朱天民:《各省童谣集》)。

三画

三 R's

读、写、算三事为之三 R,英文作 Reading、Writing and Rithmetic。

《三民主义千字课》

根据民众常用的字汇,编辑的三民主义读本。

三育大学[1]

这是一个半工半读的学校,内设农、工、师范等科,环境设备均佳,成绩也很好,因为它的学生限于教徒,影响甚小。校为美国教会安息会所办,在镇江附近的下蜀桥头镇。

工人学院

工人学院的创办以英国为最早。19 世纪的中叶,英国的政治和社会运动的呼声很高,各派的改革家都觉得民众教育是最重要的事业,于是有工人学院的创办。工人学院的目的不是简单的技能的传授,而是提高劳动者的知识,使能参与社会运动。1842 年设菲尔德设立人民大学,1854 年伦敦设立工人学院,这是工人学院的先驱。其后各国都有类似的运动。

工人教育

成人教育之一种。工厂发达后,工人教育成了成人教育上重要问题,资产界

---

[1] 三育大学:教会大学。一说 1910 年由美国基督教安息日会创办,初设在河南周口,名道医学校。1923 年迁至江苏句容桥头镇。实行半工半读。1930 年改称"中华三育研究社"。一说是 1912 年美国基督教安息日会创办于老靶子路(今武进路),分预科和正科。后正科迁宁同路(今宁国东路)杨树浦路,原址的预科即改称三育中小学。1925 年 7 月,因为环境不合而迁江苏句容,其虽称大学,实际上仅大学生数人,其余均为中小学生。——编校者

为工人生产效率的增高,劳动界为自身权利的获得,都注重于此。各国劳工运动中多有工人教育的规划,劳工领袖同时多是工人教育的领袖了。国民政府工商部本年(1929)也颁布了《工人教育计划纲要》。

《工人教育计划纲要》

这是十八年(1929)一月工商部为提高一般男女工人常识、补习工人技艺、养成劳工领袖人才所编订的。内容分总纲、目的、教区、组织、方法、时间、教材、教员、经费、学额、分级和学程等十二项。凡各省、市、县政府机关,公团,学校,工厂,商店,团体等,办理工人教育皆能适用。

工人教育会

(The Workers Educational Association)

工人教育会普通简称 W. E. A。专为办理工人教育并促进成人教育运动而设。主要工作:1. 鼓励劳动团体从事教育的活动,并谋相互的联络;2. 鼓励工人对于教育的兴趣,同时创造健全的舆论为该项教育要求的后盾;3. 表显工人对于教育的需要和愿望,报告政治当局、一般大学及其他从事于教育的团体;4. 直接办理教育班或其他教育设施,或联合劳工阶级和教育团体共同办理;5. 出版刊物;6. 其他有效的方法。该会创始于 1903 年,最初盛行于英国,现已渐及于澳洲、加拿大等地。主持这种事业的中心人物为曼斯布里奇氏(Albert Man-sbridge),是一位著名的成人教育专家(见另条)。

工人职业补习学校

美国工人职业补习学校最早设立在纽约城中(1881 年),这校的目的是教授在职工人以相当的训练。最初这种学校不甚发达,二十年中只有近费城(Philadelphia)的威廉森工业学校(Williamson Free School of Mechanical Trades)和在纽约的赫希职业学校(Baron De Hirsch Trade School of New York)。1901 年以后,这种学校发达到美国各州各埠。内中有一负盛名的密尔沃基职业学校(Milwaukee School of Trade),在 1907 年由政府接办,这是政府办理的第一所。

工艺学校

(Mechanics Institute)

这是英国的一种工艺技能的补习学校。英国自工业革命后,因为运用机器不比手工艺简单,一般工人渐感技能和知识的缺乏。于是有工艺学校兴起以应这种需要。最早的倡办者是安德森(John Anderson)和伯克贝克(Birkbeck)[1]二人。工艺学校最盛行的时期为 1830 年至 1850 年之间,其后工人程度提高,工艺学校不能厌足其所欲,这项运动遂形衰落。

《工余学校律》

(*Part-time School Law*)

美国《工余学校律》是强迫青年工人业余就学的一种法令。凡青年工人倘违反这种法令不去入工余学校就学,他的父母当受拘禁或罚金的处分。美国威斯康辛州 1911 年通过这种法令,规定年龄在 14 岁以上至 17 岁以下正式被人雇用和入补习学校肄业的青年,均须入工余学校肄业,每周上课至少须 8 小时,每年上课至少 8 月,现在美国施行这样的法令的州差不多过半数了。

工余客舍

(Guest Houses)

英国工余客舍是为工人逼居喧嚣尘垢中,每逢星期末到郊外休息一二天而设的一种组织。名为工余客舍,其实就等于资产阶级的别墅了。大概这种客舍多设在园林幽静的地方。精舍数楹,暂息劳攘,无廛市之烦,有隐逸之致。工人到了白天则大家赏玩山景、聚集野餐或只是散散步、谈谈天。晚上则演几种游戏或唱几个歌曲,有时也有极饶兴趣的演讲。一星期的疲劳到这里略为苏息,得到一点慰藉。凡是成人学校团体、工人教育会、妇女会等,多借此做集会讨论或研究的中心。

---

[1] 伯克贝克(George Birkbeck, 1776—1841),英国社会教育家、医学博士。1799 年被任命为格拉斯哥学院物理学教授。次年为工人讲授科学。1823 年在伦敦创办机械工人讲习所,直至逝世。目的为提高大工场劳动工人对将失传的工艺技术的兴趣,并认识技术教育的重要意义。得到优秀工人支持并获得成功。逝世前,英国已有二百多所类似的讲习所。其后逐渐传到国外,尤其是法国。——编校者

《大众杂志》

(*One and All*)

英国全国成人教育学校联合会(National Adult School Union)的月刊,刊内所载,以成人教育消息为多。编辑处:.30 Biooimbury. Street, London, W. C. I.

《大学到民间去》

(*The University Afield*)

1924年,美国纽约市卡内基财团(Carnegie Corporation)划定经费,做美国教育的调查和研究。本书是它所出的报告之一种。全书根据47个大学推广部的章程、刊物、统计,报告等整理成功的。作者为赫尔奎斯特(Alfred L. Hall-Quest),出版处 Macmillan,西历 1926 年。

大学推广

将大学中之教育设法施与不能常入大学之人,这叫大学推广。这种运动为英国剑桥大学教授斯图亚特(John Stuart)在 1866 年首先提倡,其后各国仿行。大学教育遂不复为少数人之专利品。推广的方法普通有三种:(1)讲演:由大学教授对校外的人作单独一次或连续几次的讲演,地点不一定在校内;(2)授课:在晚间或暇日举行有系统的室内教学,地点大都在校内;(3)函授:教师把讲义和研究指导法邮寄学生,学生依法自习,把功课报告教师,这种方法在欧美各国推行最有成效。

大鼓

大鼓种类很多,有黎花鼓、山东鼓、天津鼓、北京鼓、八角鼓等。它的曲本在艺术方面的价值胜于皮黄。近来操业的多属女子,没有锣鼓的喧闹,没有化装的烦琐,却有身体面部及音声上的表情,颇能吸引听众。北京大鼓票友考证大鼓出现至少有七十年。有人以为出现还在昆曲之先。

《大路杂志》

(*The Highway*)

英国工人教育会的月刊。会址: 16 Harpur Street, London, W. C. I.

万国家庭教育会

（International Congress of Home Education）

是会于 1905 年在比利时举行第一次的年会，到会者有 24 国的代表。其组织分儿童研究部、儿童教育部、变态儿童部、儿童问题部和文学部等。

上海市各学校职业指导联合会

民国十五年(1926)十二月上海大学、中学、职业学校等联合组织。其宗旨在研究职业指导原理及实施方法，辅助学生升学择业，兼以介绍青年职业。凡在会各学校毕业生，其升学与就业，除由会内各校相互指导与介绍外，得请中华职业教育社、上海青年会、上海女青年会、寰球中国学生会予以辅导。

上海市职业指导运动

上海青年会、女青年会、中华职业教育社、寰球中国学生会四团体于民国十五年(1926)十一月曾联合举行上海职业指导运动。其目标有四：（一）希望上海各校对于职业的指导有深切的注意；（二）希望上海职业领袖爱惜人才，诱掖奖进；（三）希望政府、党部注意青年职业；（四）希望青年对于职业有正确的认识。此项运动工作计分：（一）公开讲演；（二）散发行特刊；（三）悬奖征文；（四）无线电宣传；（五）职业参观；（六）职业谈话（谈话者共 365 人）；（七）各学校的演讲与研究。（本条详见"《上海市职业指导运动汇刊》"）

上海妇孺教养院

中华职业教育社和中华妇女节制会所合办，救济极贫穷的妇孺，授以自谋生活的知识。

上海浦东职工新村

这新村为上海基督教青年会所设。宗旨在改善职业生活、实施职工教育，建设经费半为教会补助半为私人捐助。村中有各种公共的设备，如浴室、公井等等。教育事业有工艺日校、妇女夜班、男子平民学校、讲演会、读书团及宗教谈道会等；体育和卫生设备有游戏场、乒乓台、牛痘及防疫注射、医药施送等；群育的设施有国乐社、电影会、联欢会等。住户必为工人，一家以四口计，每月收入须在 30 元以上方准居住。

上海职业指导所

中华职业教育社鉴于青年择业的不当,不仅遗误个人,亦且影响国家,因于民国十五年(1926)九月有上海职业指导所的组织。所内事业可分十种:(一)职业谈话,(二)职业询问,(三)职业调查,(四)职业讲演,(五)择业指导,(六)升学指导,(七)职业介绍,(八)改业指导,(九)协助各学校职业指导,(十)编辑刊物调制统计。该所编辑职业分析之小册子已出者有钱业、新医业、律师业、银行业等各概况,所以该所对于社会之影响:(一)增进生产效率;(二)发生工作兴趣;(三)尊重人才;(四)发展个性;(五)减少盗匪;(六)减少自杀;(七)解除青年烦闷;(八)救济青年苦痛;(九)改善职业;(十)开辟新业。

小说

分下列各类:(甲)短篇小说:(一)传奇派,如唐之《霍小玉传》、《李娃传》,以及近代之《聊斋志异》等;(二)平话派,如宋之《京本通俗小说》,明之《醒世恒言》、《拍案惊奇》、《今古奇观》等;(三)现代短篇小说,如鲁迅之《呐喊》等。(乙)长篇小说:如《水浒传》、《三国演义》、《西游记》、《红楼梦》、《儒林外史》等。(丙)民间故事及童话集,如《徐文长故事》、《中国童话》等。参考蒋瑞藻:《小说考证》;鲁迅:《中国小说史略》、《小说旧闻钞》;孙俍工译,盐谷温著《中国文学概论讲话》(开明)。

山歌

旧说山歌,舟子所歌,吴人多能之,所谓水调。但其实不止吴人,何处没有?不过苏州有天然的水乡,调尤靡曼可听。明王世贞[1]《艺苑卮言》云:"吴中人棹歌,虽俚字乡语,不能离俗,而得古风人遗意。如'月子弯弯照九州,几家欢乐几家愁。几人夫妇同罗帐,几人飘零在外头'。又'约郎约到月上时,只见月上东方不见渠。不知郎处山低月上早,还是奴处山高月上迟',即使子建太白降为俚

---

〔1〕 王世贞(1526—1590),字元美,号凤洲,又号弇州山人。江苏太仓人。明代著名文学家,倡导文学复古运动。其诗以乐府古体最佳,散文记游亦所擅长。于戏曲尤有研究。著有《弇州山人四部稿》、《续稿》、《世说新语补》、《凤洲笔记》、《弇州稿选》、《全唐诗说》、《弇山堂别集》、《弇州山水题跋》等。——编校者

谈,恐亦不能过也。"清黄遵宪将广东山歌采入诗集,有"催人出门鸡乱啼,送人离别水东西。挽水西流想无法,从今不养五更鸡"等首。山歌、秧歌等,皆山家农人的歌唱。

广学会

(Society for the Diffusion of Useful Knowledge)

英国广学会是专从刊行工人读物着手,施行民众教育的机关。常以最低廉的售价,散发各种小册子,如《产业的权利》、《机械的结果》等,都是教劳动界要尊重资本界,才能自求幸福的刊物。顶有名的是《一文杂志》和《一文百科全书》;还有《名人像传》、《图画圣经》等也流传很广。

义务教育

文明国家,儿童一届法律上规定的就学年龄,便有入学义务,其父母或监护人,有送之入学的义务。所以强迫教育又称为义务教育。这义务不履行之,按法律惩罚之。义务教育年期各国不同,视国民经济能力而定。英国9年,德、美均8年,法7年,日6年,意5年。中国暂定4年,然实际上法律没有颁布,到了学龄不入学者,并没有惩罚。学校没有普设,要入学者也苦没有学校。厉行义务教育,截至现在,还只是一个口号。

《义务教育之商榷》

书名,袁希涛[1]著,商务印书馆出版。著者曾赴欧美调查义务教育问题,归国撰此论文,很有参考价值。

---

〔1〕袁希涛(1866—1931),号观兰。上海宝山人。中国现代教育家。1904年倡议将上海龙门书院改为师范学校。曾赴日本考察教育,回国后相继创办龙门师范学堂、复旦公学、太仓州中学,历任职员、教员或监督。后任天津学署总务科科长兼图书科科长。并与张相文创设地理学会。1912年应教育总长蔡元培之邀任教育部普通司司长。第一次世界大战后,发起组织欧美教育参观团。先后考察了美国20多个州和欧洲10多个国家。在任江苏省教育会会长期间,发起组织义务教育期成会。在江苏积极推行普及教育。此后数年又分赴广州、云南、北京、济南、太原等地出席学制会议、教育联合会议。努力试行学制改革和课程修订,为教育事业作出了贡献。——编校者

义学

汉杨仁[1]为令,劝课橡史弟子,悉令就学,由是义学大兴。旧时凡以公款设学,教贫家子弟的,多称义学。

义塾

设塾教人而不收学费的,旧谓之义塾。

卫生教育

参看"健康教育"条。

女子讲学会

(The Lyceum for Girls)

这是意大利一所近于学校性质的学会,主旨是在给未受高等教育的青年女子以补习教育的机会,学程的期限定为 3 年,凡曾受过中等教育或是师范教育的都可入学,讲授的课程有意大利文、拉丁文、历史、地理、哲学、法学、政治经济、美术史、家政、音乐、跳舞和外国文等。

女子职业学校

(Trade School for Girls in Argentina)

阿根廷的这种学校是与法国或比利时的 Ecoles Professionals 的性质相似。凡年龄在 13 岁以上曾受初级教育者都可入学,校中有各种职业的训练,修业的期限也是因各种职业而不同,例如刺绣 4 年、网工 3 年、缝纫 5 年、电报 1 年、种植 3 年、印刷 4 年。国内共有这样学校 19 所,学生约 5000 人,教员约 200 余人。并且在国都区内设立暑期学校,提倡本地织工技艺,来学的多半是初级学校的教员,修业期为 2 年,学者有 120 人。

女孩救护队

(Girls' Brigade)

目的和工作与童子救护队相同(见另条)。

---

[1] 杨仁,西汉人,生卒年不详。字文义,原籍今四川阆中人。汉明帝时诏补北宫卫士令。汉章帝时为什邡令。任职什邡令期间,曾大兴学校,令部属弟子皆入学。其兴学之举为世人所推崇。——编校者

乡村半日学校

(Rural Part-time Schools)

乡村半日学校在美国发达最迟，在俄亥俄、明尼苏达、纽约、北卡罗来纳等州，虽有这种学校的设立，但学生的总额仅二千五百人。这种学校不带强迫性质，并且也不像寻常的学校，每周的课程有一定的时间。它们往往利用农闲的时候施行教育，所以课程只能在短少的时间来教授。这种学校有各种的名称，例如：全日农业学校、农民夜校或是男女工作团等等，但是它们所有的课程，都是和农人很有密切关系的。

乡村农业组合

美国乡村农业组合，由大学推广部辅助乡农，于一村或一区内，从事农业合作的事业，如组织扑灭害虫会、分送牛乳会、农用器物买卖会、农业经济组合等，要皆以个人力有不逮，利用团体合作的力而兴举各种事业。

乡村农务局

(Farm Bureaus)

美国各州都有乡村农务局，其多少视各州情形而定。有一乡一局的，有合数乡设一局的，其经费由乡民担负。局中指导员为本州农业大学学理、经验兼全的毕业生，经本州推广部主任的委派，指导乡农的种植上、生活上诸般问题，此外更有各专家协助他们。所以这农务局的贡献很大。

乡村家事指导员

乡村家事指导员，美国各州多于农事试验场中或各大学或各区官厅中设置。其职务在巡回各乡村家庭，指导其家庭生活改良方法。如麻州家事指导员尝访问或教授各种食物烹调法、家庭整理法，并协助各学校施行家事教育的集会。康奈尔大学家事科试行家事指导的成绩，尤为美满。

乡村教育

对城市教育而言。普通以人口不满五千者为乡村。因人口稀少，经济艰难，交通不便，所以乡村学校设备简单，师资也较难得。但中国人口85％住在乡村，故普及教育要从乡村上着力。

乡学

《礼》"党有庠"。疏云："乡学曰庠。"

四画

无线电话

（Radio）

一种新发明的传音机。现在用为社会教育的利器。不论音乐、讲演、新闻、市价均可用无线电话来迅速传播。用它做国语运动的工具为适宜。

艺术教育

（Art Education）

培养和训练对于美的欣赏与创作能力的教育。为休闲教育目标的一部分。

比奇克罗夫特教育区

（Beechcroft Settlement，Birkenhead）

这是英国一个设立很早的教育区。区里的学生达八百人，学生的自治能力很好。关于区中图书馆和其他公家娱乐事宜，都由学生会自己管理。

日本的成人教育

（Adult Education in Japan）

成人教育在日本虽是初创时代，然而它们的进步却是很快。民众图书馆已是遍设于国中。在 1922 年的统计已经有二千九百所，藏书约近五百九十四万册，来阅书的人数约一千五百万。它们又利用电影、无线电以及各种定期刊物来施行成人教育。各大学也都添设立导师班、成人教育讲座，来推广成人教育运动。现在国内工作最努力的成人教育专家是西京大学教授伊希达。

日本的实业补习学校

日本的实业补习教育是受过义务教育以后，未能入正轨学校的青年和成人所受的一种补习教育。在现行《实业补习学校规程》第一条说："实业补习学校……专授关于职业的知识、技能及其他国民生活必需的教育。"所以这种教育实包含职业教育、公民教育两方面。现在全国有实业补习学校一万五千四百所。平均每一町、一村有一校,而每一发达的学校,全村内有青年男女入校者占99％。修业年限最长的有十二年(前期三年、后期四年、研究科五年)。授业时间或在早晨,或在夜间。这种学校的发达最初是工商补习方面,现在则趋向于农村方面。农村补习学校,对于乡村的改造,有在三百户的小村能于三年之内,使得每年增加二万元的产额。可以见得这种学校功效的大了。

日曜学校

(Sunday School)

日曜学校的产生始自英国。在 18 世纪的末纪,英国伯明翰(Birmingham)的日曜学校首先招收成人听讲。所授课程起初不外写、算和读经。时间或在清晨七时至九时,或在午后三时至五时。其后日曜学校联合会成立,为提高教育效率计,注意于教师的训练和课程的改良。此项工作大都附属于教会,最近美国亦有大学生从事此种事业者。此种学校或译作星期学校或主日学校。

中央劳农学院

(Central Labor College)

1909 年英国罗斯金学院(Ruskin College)(见另条)有一部分师生,因对于劳农运动的见解和学校当局不合,遂离校重立中央劳农学院。这次离校事件的主动者是赫德博士(Dr. Dennis Hird),他本来是罗斯金学院的主任。他在校中设立了一个学会,名为"平民同盟",这个同盟专以宣传马克思主义为宗旨,这和罗斯金学院原来博大的政策相违背,以致终起风潮。中央劳农学院成立后,该同盟原来的宗旨,作马克思一派的经济学说的研究和传播,颇得一部分的劳农界的同情。

中华平民教育促进会

中华平民教育促进会的组织,始自民国十二年(1923)六月朱其慧、陶知行等在南京所发起的平民教育促进会。其后各省纷纷设立,因于北京组织平民教育促进会总会。总会之下规定各省、县、市、乡设立平民促进分会,一市中的一街、一乡中的一村,亦设平民教育委员会。

教育的组织有三种：（一）平民学校：采用班次制度，百人以上用幻灯教学；三四十人以上用挂图教授；（二）平民读书处：由家内、店内或机关内识字者教不识者；（三）平民问字处：附设在家庭或学校、商店，以备不识字者的询问。

教材即用《平民千字课》，全书96课，每天教学一小时，约三月余可卒业。

中华农学会

中华农学会成立于民国四年(1915)八月。其宗旨在于联络同志共图中国农学之发达及农业之改进。该会会员分为三种：（一）会员：凡研究农学或能从事农业，辅助该会会务进行者为会员；（二）机关会员：凡于农业有关系之机关，赞成该会宗旨愿协助进行者为机关会员；（三）名誉会员：凡国内外具有学识与资望确能协助该会发展者，或于农业上著有特别功绩者，推为名誉会员。该会组织分为总务部、编辑部、委员会三种。总事务所设在上海。北京、广州设有分事务所；日本、美国设有分会。最近机关会员已有四十余所，大都为国内各大学农科及各省地方农业机关与农业教育机关等。

中华图书馆协会

中华图书馆协会成立于民国十四年(1925)，专以研究图书馆学术，发展图书馆事业并谋图书馆的协助为宗旨。图书馆的任务，重在弘教育、传文化、指导社会，故与民族盛衰有关。晚近国内图书馆林立，而管理者极鲜专家，是会的组织关系我国图书馆事业前途甚大。

中华职业学校

中华职业学校，成立于民国七年(1918)，是中华职业教育社提倡职业教育的实施试验机关。

该校组织分总务、教务、训育、实习指导、职业指导和体育六部。另有试验教育研究委员会、工科指导委员会和商科指导委员会。教育标准有十：（一）适于本国、本地职业界之需求；（二）便于实地应用；（三）多含共同原则；（四）合于科学方法；（五）适于学习心理；（六）各科互相联络；（七）便于自力研究；（八）便于继续研究；（九）足以开发创作思想；（十）增进效能。训育方针以敬业、乐群为主旨，养成健全人格及社会有职业之良好公民为目的。工场有：（一）机械工场：内有钳工、木模工、铸工、锻工、机械工、电气工等部;(二) 木工场:附设漆工、木质电料工二部;(三) 镇瑯工场:分制坯、涂附、制粉、艺术四部。附属事业:(一) 中央木工教室:由上海特别市委托供各小学实习;(二) 理化实验室;(三) 职业教育馆:内设科学、博物、卫生、体育、图书各部;(四) 实习室;(五) 职业补习学校。

中华职业教育社

中华职业教育社创立于民国六年(1917)五月,曾揭诸三大目的:(一) 为个人谋生之准备;(二) 为个人服务社会之准备;(三) 为国家及世界增进生产力之准备。该社工作,包括调查、演讲、出版、通讯等等。最初数年,注重宣传,其后渐进于研究实施。以中华职业学校试验工商教育,业余补习学校试验职业补习教育,南京职业传习所试验女子职业教育,近更注意实施职业指导及农村教育。

中华基督教女青年会

中华基督教女青年会的产生,最早的有上海的第一市会(1908 年),1923 年始有全国协会。该会的组织分:(一) 全国协会;(二) 市会;(三) 校会;(四) 少女前导团。现全国有市会 13、校会 91、少女团 73,合计会员万余人。已普及到直、豫、鲁、晋、苏、浙、闽、蜀、湘、鄂、赣、粤、桂、东三省等处。该会所办的事业有职业学校、职业介绍所、补习学校、家政研究班、平民日夜学校、妇女寄宿舍、暑期休憩所、妇女沐浴室、儿童游戏场和体育师资的培养、定期的讲演等。此外更与上海各种团体合办模范家庭运动和保婴会等。近复鉴于乡村中妇女教育之重要,又把它们的事业推广到乡村中了。

中华基督教青年会

中华基督教青年会之组织,有学校青年会与城市青年会两种。下面所述为城市青年会的教育事业:(一) 智育演讲:如历史、科学、卫生、经济、德育、教育等。举行时,或请名人讨论专题,或用图表、仪器、幻灯、电影以为教具。(二) 职业夜校:此种夜校为已从事职业者补习的场所。通常所设科目多以适应社会的需要为标准,如外国语、贸易术、广告学、摄影学,以及速写、簿记、打字等。据民国十三年(1924)青年会之统计,全国青年会夜校生凡 6625 人。(三) 平民教育:青年会的平民教育,初行于欧战(第一次世界大战)时法国华工,其后复在国内提倡,始定此名。民国十年(1921)会出《平民千字课本》四册。读者四月毕业。国人以其事业的切要,民国十三年(1924)夏遂有中华平民促进会总会的组织。据民国十五年(1926)统计,各地青年会平民教育的成绩:平民学校先后设立的总数约五千八百所,平民学校肄业学生约八万七千九百人。(四)公民教育:每年正月,举行公民教育运动,或组织公民研究团、公民宣讲队、少年公民养成团,以及选举模范公民、施行公民测验、国货展览、参观市政、法庭、监狱、散发公民教育传单等。民国十三年(1924)广州青年会第一次试办公民教育研究团,其后北京亦继续试办。十四年(1925)全国各处加入者三十余处。最近出版《公民教育丛书》亦多至数十余种。

《中国教育改造》

书名,陶知行著,亚东图书馆出版。陶先生在他的《知行书信》里说:"此书系献与母亲做寿礼的,所得版税,亦悉数随时寄与母亲使用。"这是一部论文集,著者近年对于教育的见解和主张,在这书里说得很透彻了。

贝利

(R. S. Bayley)

贝利原来是英国的一个政务官,后来为设菲尔德民众学院的创办人。

仆役班

仆役班美国女青年会所设,专收为人雇佣者而施以教育。其学费多由主人代给。

《父母杂志》

(*Parents Review*)

英国全国父母教育联合会(Parents' National Educational Union)的月刊。教育家梅森女士(C. M. Mason)1890 年首创,今由基钦女士(Elsie Kitching)主编。联合会地址为:26, Victoria Street, London, S. W. I.

父母教育会

(Parents' National Educational Union)

这会为英国教育家梅森女士(Charlotte M. Mason)于 1888 年所创办。它的目的有以下几项：(1) 使为父母者明了教育之原理及方法,尤其注重儿童性格之形成；(2) 搜集并传播儿童教育的经验,使大众了解其重要；(3) 使为父母者对于儿童教育的知识经验得有互助磋商的机会；(4) 以合作的同情鼓励父母对于此事的热忱；(5) 调和学校教育和家庭教育,以达教育的连续及一贯。会中出版月刊一种,名曰《父母杂志》(见另条),以为会员的讨论和消息的传播工具。会址：26 Victoria Street, S. W. I.

公民教育

(Civic Education)

培养和训练个人参与群体生活所需知识、技能、态度、习惯的教育。凡家庭、朋友、社会团体、国家,乃至人类的乐群活动都包括在内。至于政治教育,乃是其中一小部分。习惯语又称为群育。

公共图书馆

(Public Library)

公共图书馆的设立,不限于特殊的目的而在与一般人民以便利。起源于 19 世纪中叶英国的曼彻斯特图书馆。我国则始自清末。其设备有贷出图书馆和图书阅览所。前者应有适宜的藏书室；后者应有优美的阅书处。图书、杂志应以适合一般人民的需求为主。图书的借出当完全自由,不必取手续费、保证金。开馆时间最好以终日为便。限于经费则当视当地人民每日休息的时间为标准。英国曼彻斯特图书馆在 1890 年至 1891 年间的调查当地居民平均每户内该馆借阅的书籍达 15 册。美国在 1903 年的调查,公共图书馆藏书 1000 卷以上者有 6869 所,300 卷以上 1000 卷以下者 2242 所,合计藏书 5500 余万卷。按当时全国人口计算,每 3 人可得 2 册。

《公室杂志》

(Common Room)

英国教育区协会的学术期刊。目的在交换各地教育区师生的意见和消息。虽每期仅有二十余页,在这里我们可以看见英国教育事业的进展状况。出版处：Premier House, 150, Southamphton Row, London, W. C. I. B.

《丹麦成人学校》

(*The Danish Folk School*)

书名,1928 年美国纽约麦克米伦公司出版,著者坎贝尔(Olive Dame Cambell)[1],她是美国一个民众高等学校的教员,亲到 Folk School 的发源地丹麦及 Scandinavia 各处考察这类民众高等学校。她把民众高等学校的制度各方面讲得很透彻,很有生气,令人读之,如亲临其境。她述民众高等学校对于丹麦及北欧的贡献也很详细。这本书有孟禄博士(Dr. Paul Monroe)的一篇序言。

凤阳花鼓

江淮间卖歌女子所唱。词多凄厉悲壮。多艳歌,如有名之《盼情郎曲》云:"描金花鼓两头圆,趁得铜钱也可怜。五间瓦屋三间草,愿与情人守到老。青草枯时郎不归,枯草青时妾心悲。唱花鼓,当哭泣,妾貌不如郎在日。""白云千里过长江,花鼓三通出凤阳。凤阳自出朱皇帝,山川枯槁无灵气。妾生爱好只自怜,别抱琵琶不值钱。唱花鼓,渡黄河,泪花却比浪花多。""手提花鼓向长街,弯腰拾得凤头钗。双凤翩跹钗落股,妾随阿娘唱花鼓。唱花鼓,过沙场,白骨如山不见郎。"

文艺学院

(Literary Institutes)

文艺学院是英国市议会在(第一次)大战以后感觉到成人教育的需要所创设的,共有 13 所。专收 18 岁以上的男女成年。1927 年,学者盈万人。所设科目,大概偏于文学、音乐。此外还有交际会或俱乐部的组织。据伦敦市议会的报告,这一万成年,倘无是项学院的设立,决不会再来受成人教育云。

方法

(Method)

达到目标的程序(Procedure),谓之方法。旧有教授法、管理法等,现称教学

---

[1] 奥利弗·D·坎贝尔(1882—1954),出生于马萨诸塞州。美国教育家。著名人文主义教育家约翰·C·坎贝尔之妻。曾协助其夫从事民俗学研究以及成人教育研究。在其丈夫去世后,她与人在北卡罗来纳州共同创立了坎贝尔民俗学校。有大量关于丹麦等国的民俗以及成人教育图片存世。著有《丹麦民俗学校》(*The Danish folk school*)和《约翰·C·坎贝尔的一生》(*The life and work of John Charles Cambell*)等书。——编校者

法(见另条)、训育法。全部教育目标所由达到的程序可称教育法。

幻灯

一种教育工具。就已制成的玻璃片,由灯前的透光镜,扩大其影,现于幕上,便于公众观览。

五画

世界成人教育会

(The World Association for Adult Education)

1918 年创始于伦敦,为英人曼斯布里奇(Albert Mansbridge)和各国热心成人教育的代表所组织。主旨在谋各国成人教育的发展,并联合各国所有成人教育运动,以求战胜人类的愚蠢与贫穷。该会每年开会一次,决定全年计划,并选举执行委员会委员。总会设于伦敦,支会设于美、德、丹麦、荷兰、捷克、瑞典等国。

本瑟姆格罗夫教育区

(Bensham Grove Settlement)

这个教育区里办理的教课有心理、法文、生物、历史、手艺等,此外还组织了辩论、戏剧、读书等会。区中有一个大会堂可供集会之用,音乐会、跳舞会也常在此地举行。

布拉特校

(Bratt Institute, Brooklyn, N. Y.)

这校创设的宗旨在振兴工业教育,养成勤俭习惯,力谋正当的生活。课程有美术、科学、工艺、家事等。校舍宏敞,设备精良。就家事学院而论,所设各科皆切实用,所养成者多为家事学教师、食事研究、家庭主妇、缝纫家、制帽者、裁衣样者、家庭劳作者。这校附设短期职业科,如缝纫、制帽、制衣样等科,每周授课 5日,皆 3 月毕业。制衣科,9 月在校受课,3 月在工厂实习,共 12 月毕业;又附设有半日班、夜班、土曜班,每周授课 2 次,9 月毕业,教授烹饪、制衣、刺绣等,以便已婚者或有职业之妇女得有机会入学。

布鲁克伍德学院

(Brookwood)

此校成立于 1903 年 10 月。为美国的几个热心工人教育的教师和工会的职员所创办。校中有住宿舍,毕业期为二年,每年读书八个月。

平民同盟

(Pleb League)

平民同盟是英国的一个宣传马克思主义的劳工教育机关。这个团体本来是罗斯金学院里一部分师生组织的学会。后来因主张和学校当局不合,遂引起离校风潮,另行成立中央劳农学院(详另条)。平民同盟于是也成为一个独立的劳农运动的有力团体。现在同盟中的人员以中央劳农学院的毕业生为多。他们以为教育只是宣传,既是宣传便无所谓不偏。劳工教育当是专为劳工阶级谋利益的宣传。

《平民杂志》

(*The Plebs*)

英国全国劳工学院协进会(National Council of Labor Colleges)的月刊。以提倡劳工阶级教育的独立为宗旨。自 1909 年创刊以来,已有二十年的历史,为英国劳工阶级最有势力的期刊。定刊处: The N. C. L. C. Publishing Society, 15, South Hill Park Gardens, Hampstead, London, N. W. 3.

平民教育

见"民众教育"条。

《平民教育丛书》

商务印书馆出版。内分:《平民教育概论》、《平民教育的真义》、《平民教育运动史略》、《平教总会之组织和工作》、《平民公民教育计划》、《平民教育实施的试验》、《平民学校组织法》、《城市平民教育大纲》、《城市平民生计教育》、《乡村平民教育大意》、《乡村平民生计教育》、《妇女的平民教育》、《华侨与平民教育》、《平民教育与平民文学》、《平民教育平民美术》等册。

《平民职业小丛书》

这丛书是中华职业教育社所编印。已出版者有歌谣一种、故事一种、剧本三种、小说十五种。

平话

(一) 平话派的小说,见"小说"条。(二) 旧优人以前代轶事敷衍而口说之,谓之平话。今称说书,见另条。

东方图书馆

上海商务印书馆所附设,民国十五年(1926)成立。所藏书籍,原供编辑参考,近则公开供民众阅览。馆舍共分五层:末层是商务印书馆陈列室;二层是自由阅览室、阅报室、办公室;三层是商务印书馆出版图书保藏室;四层是中西文库;五层庋置杂志、报章、舆图、照片等件。所藏中文书共十六万余册,日文书共二万余册,英文书约二万册,法文、德文书约各二千册,中外各种杂志共八百种,中外报章共三千余种,地图约二千幅,照片约万余张。

卡内基财团

(Carnegie Corporation)

卡内基财团设立在纽约,是由卡内基基金中划出一部分款子专门从事改良美国教育事业,对于美国成人教育有极大的贡献。它聘请专家调查美国成人教育状况,调查结果已发表的有:《大学到民间去》、《新的成人学校》、《青年工人教育机会》、《图书馆与成人教育》、《成年人的学习》、《美国函授学校》、《演讲团和肖陶扩社的调查》等书。

目的

(Aim)

一种活动所要达到的结果。教育目的,旧时多采洛克(Locke)和斯宾塞(Spencer)的德育、智育、体育之说。近年国人有加上群育和美育的,其说并无根据。外国教育学者,从人生活动上的分析,近已不作那样笼统之谈,而列举健康、职业、公民、家庭、休闲各项活动所需的知识、技能、态度做教育的具体目标了(见"目标"条)。目的笼统了,便和宗旨不分;太厘析了,又和目标难别。所以它在教育学上成了一个含混而无用的名词。

目标

(Objective)

这是第一次世界大战时军事上流行的一个名词,指在某时间、某一段作战计划的达到。移用于教育上,用以指某阶段的教育,或某学科的内容,所要达到的一项一项具体的知识、技能或态度、习惯等。教育学者,如博比特(Bobbitt)、查特斯(Charters)、斯内登(Snedden)等,分析教育目标,辄数百条。把它们归类起来,则有健康、职业、公民、休闲等活动(参看"健康教育"、"职业教育"等条)。

电影

在社会教育上效用很多。识字不多的人,不会看字幕,可由一人逐句宣读,或照影中情节讲演出来。此法在日本常用。又电影商业化了,其中淫猥的暗示、明示,发生很不良的影响,故教育行政机关常有电影审查之举。

史密斯

(A. L. Smith)

史密斯是英国有数的教育家,他对于成人教育曾有一个结论:"成人教育不能当作它是奢侈品,专为聪明失学的少数成人而设;也不应看作它是一件寻常事,只为继续青年时期的短期教育而设。却要认为成人教育是民族永远需要的,和民众不可分离。所以成人教育应该具有普遍性,长生性……"

生计教育

参看"职业教育"条。

《生活周刊》

《生活周刊》是中华职业教育社所出版。它的宗旨是以有趣味、有价值的材料,暗示人生修养,唤起服务精神,力谋社会改造。

冬季农业学校

法国冬季农业学校,专为农家子弟不能入正式农业学校而设。校中所授课程,注重农业普通知识。为谋农家作业上的方便,上课日期规定在农闲的时候,或便是在每年的冬季——所以名为冬季农业学校。此种学校多附设于农场及农业实习学校内,亦有附设于国立或公立中学中。

包头的民众教育

包头是绥远[1]的一个大埠,该地办理民众教育有几个特点:(一)将各住户商店组织起来,设十户长、五十户长,责成他们劝告并督促所辖男女入民众学校。(二)委任本地绅商中素有声望的充任民教委办,专司民教事宜。(三)各项工作人员以至教师、学生,均视成绩优劣严定赏罚。(四)各民众学校均由专任教师负责,薪金很高。

兰德社会科学学校

(Rand School of Social Science)

此校开设在美国纽约,专以教育工人为务。校中分教授、函授和研究三部。是美国劳工学校重要的一个。

民众公所

(Folk House)

民众公所是一种社会教育的机关。公所的房屋可以有各种的活用,例如做教室、做会场、做舞厅、做戏院……主持事务的人看人民的需要,因时、因地,常常变化节目,使公所成为社会生活的中心。这种公所的设立通行于英、美两国。

民众文学

(一)指民间传说、神话、谜语、歌谣之类,创造不止一人,流传仅恃口说的文学,这是西洋所谓"Folklore"的一部分。(二)习惯语又指浅显的小说、诗歌、戏曲等为民众所能欣赏的通俗文学,为民众文学。余另见各条。

《民众字汇》

民国纪元前四年[清光绪三十四年(1907)],学部议编一种《简易识字课木》,

---

〔1〕 绥远:清朝时属漠南蒙古的一部分,因设有绥远将军驻守此地,故名绥远。设归绥道,属山西省,1914年,袁世凯政府将之分出山西,建立绥远特别区,1928年改称绥远省。辖地包括今内蒙古自治区乌兰察布盟、伊克昭盟、巴颜卓尔盟和呼和浩特市、包头市等地。1954年,绥远省建制正式撤销,原绥远省辖区由内蒙古自治区统一领导。

取常用字一千六百个,约一年毕业。民国初年董景安氏选了六百个字编课本教人;又有毕来思[1]者,编了一部《由浅入深》。十三年(1924),晏阳初氏在法选常用字一千个,编书报教华工。后东南大学教授陈鹤琴氏,用长期间检查民众读物,根据精密统计,选定常用一千字,他的结果和晏氏差得不多。从此《平民千字课》、《民众千字课》等编辑,便都依据这个字汇了。现民众字汇问题,中华平民教育促进会还在继续研究中。

民众学院

(Men's Institutes)

民众学院是英国伦敦市议会在1902年所创设。不拘学校形式,专以适应民众各种需要而开设班次。如市民有音乐的兴趣,院中即组织音乐队,研究民众音乐。市民有科学的好奇,院中即用无线电宣传讲演科学学理和应用。此外如摄影、御车、养鸡、养蜂等事业。无不"有求必应"充分利用机会去教导,这样的学院在英国的贡献实在不小。

民众学校

为失学或无力继续就学的儿童或成人而设的补习学校(见另条)。课程注重识字,外加一点公民常识。

《民众学校办法大纲》

这是民国十八年(1929)一月教育部公布的。全文共十八条,规定民众学校的宗旨、教授科目、修业期限、入学年龄、师资限制和设立手续等。关于实验民众学校的课程、课本,则不加限制。

民众高等学校

(The People's High School in Sweden)

这种学校在瑞典多半设立在乡间。它们的目的是给男女成年以普通的知识,而重在日常生活上的应用。课程多关于本国历史、社会现况以及天然出产等

---

[1] 毕来思(P. F. Price)美国南长老会教士。曾任金陵神学院教授、神学教育委办之委办长。并于1917年发表了著名的《毕来思报告》,该报告被称为"中国更正教神学教育第一份详尽的调查报告"。另著有《中国神学教育之进展》等书。——编校者

类。校中没有一定的上课和考试等仪式,经济的来源或由私人捐助,或由公家补贴。它们的校舍多半是自建的。校长的资格是限于曾任大学职务的,教员亦限于大学毕业以及各科专家。所收的学生,年龄须在 18 岁以上而曾受初级教育的。教授方法:一方面是用普通演讲式,讨论关于各种团体组织、开会的仪式;一方面是重在实际工作,例如农业畜牧的改良,以及森林培养、女子的家政烹调等课。

民众教育

民众犹言人民,这是对于全体人民所施行的教育。有时也叫作全民教育。照它的名义实在可以包括各级教育在内。但习惯上则只用以指对于失学或无力继续入学者的教育。旧称"平民教育"(见"中华平民教育促进会"条),有人译作"Mass Education"。它不同于补习教育,因为它有大部分仅是社会活动,而并不必具学校补习的形式。它也不同于外国所谓成人教育,因为中国失学者,儿童也还很多。它是包括失学的儿童、青年、成人的补习教育和社会教育。据我们知道,这是中国所特有的一个名词。

民俗学

(Folklore)

Folklore 一字为 1846 年英人汤姆斯(W. J. Thoms)[1]所造,意为"民间之学识"(Learning of the people)。我国译为民俗学或古俗学。研究的对象为民间流传之迷信、习俗、故事、歌谣、谚语等。所设民众文学即民俗学的一部分,此种流传在半开化民族或文明国家之下等阶级为多。

民歌

民间歌谣总称。有叙事的,有没意义的滑稽的,有描写生活的。下列北京歌谣两例:"蒲龙车,大马拉,哗啦哗啦到娘家。爹出来,抱包袱,娘出来,抱娃娃;哥哥出来抱匣子,嫂子出来一扭挞。嫂子嫂子你别扭,当天来,当天走。不吃你饭,不喝你酒";"推煤汉,真难干。鸡儿斗,搭上绊。稀粥喝了两碗半,窝窝吃了两个

---

〔1〕　威廉·汤姆斯(1803—1885),英国考古学家、古生物学家、民俗学家。他对民俗学的最大贡献是在 1846 年提出了"民俗学"(Folklore)这一概念。——编校者

半。推到半山上,冻得直打战。装上炭,卖到有钱家,赚了二百大。买了小米一升半,我吃了饭,婆姨娃娃还没有,你看这难干不难干?"或有深刻的描写,或是沉痛的呼声。(参考胡怀琛:《中国民歌研究》,以及中山大学语言历史研究所出版的许多歌谣)。

《出路》

(*The Way Out*)

这是英国成人教育社(British Institute of Adult Education)社员的一部合作论文集。集中论文八篇:前五篇是关于成人教育的理想;后三篇是关于英国现时成人教育的事实问题。作者都是英国政治上、教育上、学术上第一流人物,例如英国工人教育领袖曼斯布里奇(Albert Mansbridge)、政治学者拉斯基(H. J. Laski)、珀西(Estace Percy)等。编者为斯坦利氏(Oliver Stanley)。出版处:Oxford University Press 1923年。

六画

《考克斯的童工律》

(*Cox Child Labor Law*)

考克斯的童工律是1915年在宾夕法尼亚州(Pennsylvania)通过施行的。律中规定14岁至16岁的童工,每周不得工作过51小时,在这51小时中,须受补习教育8小时。

托儿所

日本托儿所是专为女工保护孩童的一种社会事业。因为女工靠着工作而生活,有了儿童的妨碍,便阻止她的生计了。托儿所便是救济这个困难,专门管理许多孩童,像学校一样的教育着爱护着。最小的婴儿,还有乳妈给他饮奶。办理得很完善,大家把子女寄托,一无顾虑,非常信用。现在日本各地都有这种机关。

扩充教育

民国十六年(1927),中央颁布大学区组织条例,一个大学区内,有高等教育、普通教育、扩充教育各部分。本来在外国,所谓"Extension Education"是指大学所施行的推广事业,如暑期学校、函授部、讲演会、英国的导师班(见各另条)等。现在大学区内,以大学为中心,来施行各种补习教育、社会教育,而名之曰扩充教育,也还勉强适用。但各县教育行政机关也都设"扩充教育课"等,意义便愈混淆而不切合了。十八年(1929)大学区制取消,这名词也就废而不用,而泛称社会教育了。(见另条)

西皮

旧戏的一种腔调。欧阳予倩说:"西皮出于吹腔,受了秦腔的影响,便成了现今的形式……。"苏君少卿[1]说:"西皮脱胎于吹腔,叫'皮子'的,故名西皮。但是湖北叫唱是皮,一段唱叫一段皮。西皮或者是'西秦的唱'的意思,'皮'之一字,或即出于'皮子'。"

《成人的教育》

(*Education for Adults*)

书名,凯佩尔[2](F. P. Keppel)著。书内共有四篇论文。作者的中心思想说,成人教育是为全部生活的发展,不是仅为追求"面包牛油"的那种职业教育。在头两篇论文里,作者引伸成人教育的需要与其重大的使命。在最后两篇里面是批评现行的大学及教育机关。

成人教育

(Adult Education)

对于成年人业余所施行的教育。所谓成年,各国教育惯例约以 18 岁中学毕

〔1〕 苏少卿(1890—1971),江苏铜山(今徐州)人。京剧评论家、音韵学家。幼年在乡读书,喜爱京剧,始习老生及胡琴,尤喜汪桂芳、王九龄等人的唱腔,后毕业于徐州师范学堂。1912 年到上海,从琴师张汉臣学谭派戏,向周凤林学昆曲,并开始研究音韵。1914 年到北京,得陈彦衡、吴梅等人指点,对谭派唱腔等深有研究。他擅演谭派名剧《洪羊洞》。后因嗓音失润而专致于音韵学的研究。1920 年又回上海,先后在暨南大学、南方大学、复旦大学和广播电台教授戏曲、音韵。几十年间他写过大量的戏曲评论文章,以总题为《寿春壶斋剧话》,在《申报》及各种戏剧报刊上发表,在评论界影响颇大。1934 年主编《戏剧半月刊》。1949 年后在中国戏曲学校和中国戏曲学院讲授音韵学。——编校者

〔2〕 凯佩尔(F. P. Keppel,1875—1943),美国图书馆学家。1898 年毕业于哥伦比亚大学。1922 年当选为第四任卡内基基金会主席。他把公共图书馆看作是人们终身学习的重要的场所。他任职期间,凭借丰富的管理经验,紧紧依靠美国图书馆协会,促进公共图书馆事业的发展,并制订计划促进图书馆事业的大众化。——编校者

业以上计算,所以各国所谓成人教育,多指高等教育的普及而言。其采取学校组织有固定课程的,称为补习教育(见另条)。其仅有团体活动、环境供给,而没有课程和教学的——日人谓之教化——通称为社会教育。

《成人教育之意义》

(*The Meaning of Adult Education*)

书名,林德曼(Edward C. Lindeman)著,议论颇精当。出版处:New Republic, 1926。

《成人教育之精神的价值》

(*Spiritual Values in Adult Education*)

本书有上下两册,全书分五部:1. 一般原理;2. 历史的一瞥;3. 现在的运动;4. 从分析到综合;5. 宗教团体成人教育详记。作者耶克斯利(Basil A. Yeaxlee),是英国成人教育界一个很有经验的人,他的主旨是各派的成人教育运动应当团结起来。出版处:Oxford University Press, 1925。

《成人教育杂志》

(*Journal of Adult Education*)

这是英国成人教育社的半年刊。内容分五类:1. 成人教育的理论;2. 成人教育的方法;3. 成人教育的历史;4. 成人教育的种类;5. 成人教育的行政问题。此外介绍书报也很多。

《成年之学习》

书名,美国教育心理学家桑代克(E. L. Thorndike)和其他三人合著,用心理学的方法研究成年学习的能力。

竹枝词

古民间风谣。《乐府解题》说:"竹枝本出于巴渝,唐贞元中,刘禹锡在沅湘,以俚歌鄙陋,乃依骚人作《竹枝新词》九章,教里中儿歌之。"则经诗人点染之后,已非原来的平民的真相了。刘作如:"杨柳青青江水平,闻郎江上唱歌声:东边日出西边雨,道是无晴却有晴。"又如元人张雨《竹枝词》云:"临湖门外是侬家,郎若闲时来吃茶。黄土筑墙茅盖屋,门前一树紫荆花。"明人高启词云:"枫林树上有猿啼,若个听来不惨凄？今夜郎舟宿何处？巴东不在定巴西。"等,多少带着很美的民间文学风格。(见钟敬文:《民间文艺丛话》,中山大学语言历史学研究所出版)

乔治

(William R. George)

美国儿童感化与教育事业领袖,生于 1866 年。于 1895 年在纽约州 Freeville 组织少年民主国(Junior Republic)。对青年自治与感化有极好的成绩。

休闲教育

(Education for Leisure)

培养和训练个人享乐和增高闲暇生活所需知识、技能、态度、习惯,以至欣赏、好尚的教育。对职业教育言,旧本称文化教育(Cultural Education),为避去社会阶段之截分,近来渐不用"文化教育"的名词了。又习惯语称娱乐教育,很有语病。

伍德沃德学院

(Woodward College)

这院中的夜校,是专为日间有正当工作而无机会入学的青年而设的。课程为商业算术、簿计、代数、几何以及其他须应用到木工、绘画和砖瓦工等的常识,它们纯系义务性质,所开的课程概不取费。

伦敦工人学院

(Working Men's College)

此校始名民众大学(People's College),为 1854 年莫里斯(Frederick Denison Maurice)和他的几个朋友所创办。

伦敦中央学校

(Central School in London)

伦敦中央学校是中等程度的学校,凡受完小学教育而无力继续入中学的学生,都可入校。学生中满 14 岁以上的,尚可受学校小部分的津贴,以免做父母的要他们去做工。它的目的是想普及中等教育于民众,与工党中所持的普及中等教育的政策(Secondary Education for all Policy)是相合的。

华盛顿工会学院

(Trade-Union College of Washington)

此校成立于1919年,其办法与波士顿工会学院大致相同(参看"波士顿工会学院"条)。所教学科,以劳工问题及社会科学为多。

自然史博物院

(Museum d'histoire Naturelle)

法国自然史博物院,是世界有名博物院之一。1794年由皇家植物院改组而成,为法国自由讲学的一个中心机关。现在该院包括有下列诸部:1.比较解剖陈列室;2.动物陈列室;3.地质陈列室;4.古动物陈列室;5.植物陈列室;6.植物园;7.动物园;8.大温室;9.实验室;10.实习所;11.海滨实验场;12.殖民地实验室。院中现有讲座如下:1.比较解剖;2.人类学;3.古生物学;4.生理学;5.动物学;6.植物学;7.地质学;8.矿物学;9.种植学;10.物理学与自然史;11.植物物理学;12.有机物与化学;13.动植物绘画学等。所有各种讲座,皆系公开,概不取费。实验室亦不分国界,任何民族均可入室实习,亦不收费。院中有图书馆一所,藏书250 000卷、墨迹2300件,图画19 500幅、挂图4000帧,照相4000余张,定期出版物860余种。除星期假日外,每日上午、下午均开馆。

伊拉克的识字运动

(Liquidation of Illiteracy in Iraq)

伊拉克国内从事识字运动已经4年。它的方法是办理夜校事业。起初的经费半由私人捐助,半由政府津贴,现今已完全由教育部负责。全国有夜校设在城市、乡村中的有56处,教员68人,学生仅1445人(全国人口约250万),教员多由日校的教员兼任。

全国文盲教育委员会

(National Commission on Illiteracy)

美国全国文盲教育委员会是提倡将大批的移民同化于美国文化的一个机

关。现在美国同化教育,已有几省规定为省教育事业的一种。还有在省立机关训练师资,并且设立夜校,以教不识字的青年,此后移民要获得公民资格,将以受过此种教育为准。美国化的学科,包括英语的学习、美国生活的体验、美国各种制度的了解等。

全国母亲会

(National Congress of Mothers)

创行于美国,始自 1897 年。其目的在使为母亲者研究教育儿童的方法,并讲求家庭、学校的联络,以及幼稚园的改善等等。美国国内外皆设有分会,会员达八万以上,发行杂志有《儿童幸福报》(*Child Welfare Magazine*)。

全国职业学校联合会

全国职业学校联合会成立于民国十八年(1929),由全国各职业学校发起组织,专事研究关于职业学校之问题,最初入者有 22 校。其后历开年会于济南、上海、武昌、南京、杭州。决议案件关系我国职业教育的前途极巨。

《合作农业推广法案》

1914 年美国国会通过议员史密斯-利弗所提法案(*Smith-Lever Agricultural Extension Act*),由中央政府年拨国库补习费 4 980 000 元,依中央与各州合作分担原则给予之。

合作学校(美国)

(Cooperative Schools)

合作学校,是给一个机会使有工作的人继续能利用一部分的时间从事求学。这种学校与普通的半日学校或是补习学校不同:第一,在合作学校是正式学生兼觅工作来维持生计,在别种半日学校或补习学校是已有工作的人来继续求学。第二,合作学校能为学生寻觅工作以维持他们的生计。在美国的合作班是由辛辛那提大学教授斯内登氏在 1905 年发起。次年就将这种新计划在工程课班中试行。现今高等教育机关仿行的已有十一处,1922 年已有学生二千五百人。在中等学校最初试行合作计划的是美国麻省菲奇堡(Fitchburg, Mass.)作业学校,创办在 1908 年。到 1922 年已推广到 22 处,学生已达 3000 余人。

匈牙利的乡村学校

（Rural Schools in Hungary）

匈牙利的乡村中,因为交通不便的原故,所以强迫教育不能普及,因此不识字的人数约在 15% 以上。在 1926 年创设了一种新的合作学校,由政府与农民合作。规定每方英里半以内必设一所这样的学校。自从这种法律施行后,乡村教育方面很是发达。就是农人方面也很热心捐助,全部预算 50% 是农民担负的。

江苏省公民教育委员会

江苏省公民教育委员会成立于民国十四年(1925)八月。由江苏省教育会组织,以研究公民教育的设施及推行公民的信条为主旨。其信条有八:(一) 发展自治能力;(二) 养成互助精神;(三) 崇尚公平竞胜;(四) 遵守公共秩序;(五) 履行法定的义务;(六) 尊重公有财产;(七) 注意公众卫生;(八) 培养国际同情。这八项信条,每条之下皆举出实例,便于遵行。

江苏省立民众教育院

院址在无锡,以培养江苏各县民众教育服务人才为宗旨,并为全省民众教育研究、设计、实验的场所。院中组织,除设院长总理院务外,分设总务、教务、实验、研究各部。学生由各县遴派;入学资格规定为中等学校毕业;修业期限规定二年。实验事业有黄巷实验区、农民教育馆、农民教育区等项,研究事业分调查、搜集、编辑等项。该院现已出版书籍有《实验报告》、《民众教育论文集》、《演讲集》、《民众教育辞汇》、《英美民众教育书目》、《民众教育法规》、《民众学校读本》、《民众歌集》及《教育与民众月刊》、《民众周报》等。

江苏省立民众教育馆

馆址在南京,馆内图书部有阅览室、巡回文库。科学部分生物、理化、史地等系。艺术部有陈列室、音乐室等。推广部有民众学校等。

江苏省立农民教育馆

馆址在南京汤山,由省费设立。馆内分设总务、农艺、成人、妇孺、儿童五部。有乡村调查、农友夜班、民众茶社、农民同乐会、通俗讲演、施送药品、托儿所、妇女养蚕班、家庭工艺班、乡村医院等活动。划定南汤山之南汤村为服务区域。汤泉区为推广区域,实地从事乡村的改造。

江苏省立劳农学院

该院设立宗旨在造就江苏各地农民教育实施指导人才。院址与江苏省立民众教育院合设于无锡通惠路,组织亦大致相同。

江苏职业学校联合会

江苏职业学校联合会成立于民国十一年(1922)八月,由江苏省教育会联合全省农工商各种专门学校、职业学校、贫儿院等组织而成。一切办法,均依照全国职业学校联合会章程,每年于八月中开会一次。

讲演

教学上系统的口说方法。民众教育上用的很多,或在固定地点,或巡回举行。民国四年(1915),教育部曾公布通俗教育讲演规则。

农人教育

成人教育的一种。关于农业技能部分,参看"农业推广"条。

农夫演讲所

(The Farmer's Institutes)

这种演讲所的组织,美国各州多不相同。有的归州立大学管理;有的由州长委人办理,成独立的机关,举行讲演。如无一定地点,只要有适宜的场所,便召集农民开会。会期自一、二日至一、二月不等。讲演员多为农业大学的教授。

农业讲习所

法国农业讲习所专为已在小学毕业而从事农业的青年补充必要的农业知识而设。学龄自 13 岁起至 17 岁,修业期间虽久,但每年只有 150 小时的授课。以不害农事为主,毕业后仍给凭证。据近来统计,法国境内已有此项学校近六百处,有学生一万余人。

农业实习所

法国农业实习场全国有二十余处,皆与大农场相近。从事实习的纯系学徒,就场中讲授,无一定校舍、教室等设备。

农业实习学校

法国农业实习学校是为小农业地主的子弟而设。学龄自 13 岁至 18 岁;在学年限 2 年或 3 年。寄宿、食费每年三百五至六百法郎。每日工作与上课时间略相等,毕业后给予毕业文凭。此种学校系男女分校,专为女子设的称为农事家政学校。

《农业推广规程》

这规程是民国十八年(1929)三月,教育部、内政部、农矿部会同公布的。全文共分五章二十条:第一章总则,说明这规程是为普及农业科学知识、增高农民技能、改进农业生活方法、改善农村组织农民生活而订定的;第二章、第三章规定各省、县农业推广机关的组织和经费的分担;第四章规定全国农业推广的管理办法;第五章所列各种农业推广的业务都很详细,实在是乡村方面实施民众教育的章本。

农田讲演

(Farm Lectures)

这是美国农业大学推广事业的一种,或称做露天讲演。讲演目的在指导农民的生活改良、农业的改进,并解决其他困难问题,这种工作最发达的是纽约州。

《农民千字课》

平民教育促进会编辑。以介绍最常用的单字、复字及数目号码,并适应乡村不识字人的需要为标准,且附带灌输公民、卫生、生计等各项常识,

《农民运动》

书名。中央党务学校出版,分上下两册。内容共 8 编,其中对于农民运动之根本问题(如农民土地、生产、合作、教育、自卫、自治等),各地农民之生活调查,及农民运动之工作方略讨论尤详,很可为实施乡村民众教育的人们的参考。

农民周

(Farmers' Week)

农民周,美国各州多在冬季或夏季内举行。会址在各大学,由教授演讲农业上实用问题,农民择其性近者听之。讲演毕后复行讨论。所以农民平时感觉到的一般困难问题都可迎刃而解。此种会期有一日者,有一星期者,在康乃尔大学会期一星期。除演讲外,尚有各种娱乐,如影戏、跳舞、音乐、会餐、通俗戏剧等。

此种活动很能联络农民的情感。该校 1909 年 2 月的农民周,到会的农民有 2654 人,聘请外州的讲师和专家共 74 人,对于农民的影响不小。

农民试验演讲协会

(Farmers Cooperative Demonstration Work & Experiment Union)

这会先由指导员召集农民来会演讲农事改良,然后商得同意,划定地域和农民共同试验,比较新旧方法的不同。而以实际的成绩增加农民的信仰。这会的组织在美国是大学农业教育推广事业的一种,办理以来很著成效。如佐治亚州(Georgia)实行棉作的试验,凡五千三百次。而试验的地积,有六万六千三百多英亩。其他更有玉蜀黍、雀麦、小麦、苜蓿、牧猪、养牛和果树的栽培等的试验,均能有很多改良。

农场学校

法国的农场学校,专为教育各农场、农庄失学的农作工人而设。寄食、寄宿不收学、食、宿费,唯须自备宿具,毕业后给予凭证。

农产品评会

(Airs & Exhibits)

美国农产品评会的种类:如果实方面,有苹果品评会;作物方面有玉蜀黍品评会。它的组织又分全乡、全州、全国三种。农务部也竭力提倡,因以比较的方法,引起农人的竞争心,使他们知晓改良品种的重要。如密苏里州的玉蜀黍品评会,有 18 乡村举行,共开 1982 次,到会有 13 900 人。

农妇会

美国乡村有农妇会的组织,多系附设在农夫会(Farmer's Institutes)内。这会的宗旨在增进一般农妇对于农业家事的学识,以改良家庭,增进社会的幸福。会期自 2 日至 2 星期不等。佛罗里达州农事试验场所附设的农妇会,每逢会期,早晨男女合并列席,下午分别开会,演讲、讨论。开会时,并陈列各种农产品成绩比赛优劣及演用幻灯、电影等,以助兴味。

《农村调查表》

农村调查表是中国国民党中央执行委员会民众训练委员会编印。其内容分土地;户口及土地分配状况;地租及赋税;经济状况;农具及灌溉排水与肥料;农作物种类及副业;灾荒;教育;康健与卫生;宗教道德、风俗习惯和农村团体等 11 大项。

农家协进会

(The Grange)

农家协进会是美国农人私自组织的一种机关,创立于 1867 年。男女会员过百万人,分会的组织已遍各州。

设计

(Project)

凡利用一项有动机的、有步骤的、必须有相当的知识技能而后完成的实际工作,来作为教学上的一种手段,谓之设计。习惯语内,凡普通的计划(Plan)或技术的计划(Design)(如工程或艺术上之所用),也泛称为设计。那是和教育学术上所谓设计不相干的。

设菲尔德民众学院

(Sheffied Peoples' College)

这是英国最早的工人学院,设立于 1842 年。主其事者为贝利氏(R. S. Bayley)。经费完全由工人自己担负,不受政府或慈善团体的补助。学生都半工半读,非常勤苦,毕业生中出了许多人才。

导师班

即"启导学级",见另条。

妇女学院

(Women's Institute)

妇女学院是英国在 1915 年所创设。时值大战(第一次世界大战),男子既赴沙场,所遗的职务,女子承乏无能,因有此项教育机关的组织,以为妇女处理地方公务、发展农村事业的准备。妇女学院大都举办在乡村,每一院内有俱乐部、成人学校和各种训练班。如娱乐、唱歌、舞蹈、家政、农事、园艺的组织。更常时举行政治、文学、卫生的讲演。现在英国全国有这样的学院凡三千八百所,并由各院组织各县妇女学院联合会,由各县联合会更组成全国妇女学院联合会。

戏曲

分下列各类:(甲)总集及选集,如《元曲选》、《盛明杂剧》、《缀白裘》、《戏考》等。(乙)杂剧,如《十段锦》、《四声猿》等。(丙)传奇,如《琵琶记》、《荆钗记》、《玉茗堂四梦》、李笠翁《十种曲》等。(丁)现代剧,如《复活的玫瑰》、《咖啡店之一夜》等(参考王国维:《宋元戏曲史》;吴梅:《中国戏曲概论》)。

巡回学校

(Circulating Schools)

巡回学校创始于1730年,英人琼斯(Rev Griffith Jones)氏于威尔士(Wales)各教区内欲皆建学校一所,因限于财力,遂有巡回学校的计划。凡一市、一村中有教堂或空室可用者,即派教师一人设学,日间教授儿童,夜间则教授成人,皆不收费。数月以后,再往他市、他村。自1737年至1760年,此种巡回学校,共设3185所,所授学生,凡150 213人。琼斯卒后,由贝文夫人(Madam Bevan)继其遗志。至1779年夫人死时,共计设立学校3280所,所教学生共163 385人。就学者的年龄自6岁起直至70岁云。

七画

芬兰的民众高等学校

现今已有民众高等学校51所,其中31所是用芬兰文字,15所用瑞典文字,教课的期限多在寒季。所教课程多偏于社会问题,以及芬兰史和关于农民的实际工作。

芬兰的补习学校

补习教育在芬兰是强迫的,学生受完初级教育后,不继续入中学的,次受补习教育两年。设在乡间的补习学校,是全年常开的,教员是由高级小学中的兼任。设在城市中的,以前多半是夜间上课,近来已改在日间了。

芬兰假期旅行团

(Vacation Camps in Finland)

这种事业是三十年前在赫尔辛基(Helsinki)教员联合会提倡的,他们利用暑假的休闲,来提倡野外旅行,借此可施行教育和锻炼身体,所以他们特别注意引导贫苦而软弱的青年来加入。旅行时期,是暑假中的12星期。普通总是分为二组,每组旅行时间为6星期,经济方面多半得自私人捐助。这种健康教育,在芬兰仿行的是很多。

劳动学校

(Arbeitsschule)

这种学校倡自德国,约分两种:一为慕尼黑市(München)凯兴斯泰纳(Kerschensteiner)所创;一为柏林及他市有社会主义性质的生产学校(Produkion Schule)。

凯氏的劳动学校,以为普通学校的理智作业,全与儿童年龄程度不相当。所以把社会的和手工的作业代之,使由作业中养成其品性和知能。因此课程自第二年起,增设土木、缝纫及各种手工,更于每日有关于社会生活的讨论,以引起明了的道德观念。生产学校全从工艺的活动,使儿童从真实的、健全的劳动环境中,获得经济生活的知识、技能,而养成对己、对社会的责任心。这校是德国社会主义领袖所倡。

苏俄的成人教育

苏俄的成人教育比儿童教育还要重要。它的目的不是简单的使人民都成能识字、有常识的公民,而在提高劳动阶级的文化,使它能和资本主义相对抗。这种教育运动的主体是政府。党部、军队、工会和各种教育团体都依着政府的政策而努力。他们的主要工作是清除文盲和政治训练。所以成人学校除共产大学、劳动大学等高等教育机关外,有政治学校(以训练苏维埃、党部和工会的组织人员为目的)和成人日校及星期学校(以教授识字及常识为目的)两种。但苏俄成人教育的主要力量并不是正式的学校,而是许多教育团体和各种社会教育活动(例如茅舍读书团、民众家庭会、俱乐部、自修会、红团等)。苏俄成人教育的方法有两件事值得特别注意:1. 苏俄的红军先要受六个月的

"三 R's"教育,然后再加以二年的政治训练,将来每一军人回到本乡便可做民众的教导者。2. 识字互助,识字的教不识字的,识字多的教识字少的,一面教人,一面学习。

杜威

(John Dewey)

美国哲学者与教育学者,生于 1859 年。毕业于约翰·霍普金斯大学,得哲学博士学位。任大学教授数十年,1894 年在芝加哥大学创试验学校,始发表其教育主张。1904 年以后至今,主讲于哥伦比亚大学,曾于民国八年(1919)来我国讲学。杜氏哲学及教育著作很多,较近出的为《明日之学校》、《民本主义与教育》(并有译本)、《人性与行为》(*Human Nature and Conduct*)、《经验与自然》(*Experience and Nature*)等。所倡社会的、平民的教育学说,为今日世界教育上一主要思潮。

《村民杂志》

(*The Countryman*)

这是给乡村居民读的无党派色彩的季刊。内容注重乡村生活的记载和乡村实业的提倡。主编为斯科特氏(J. W. Robertson Scott)。编辑所及发行所均在英国牛津的一个乡村(Idbury, Kingham, Oxford),这可证明这本小刊物是有十足乡村风味的。

围炉谈话会

(Fireside Talk)

围炉谈话会的目的,是在家庭里面齐集亲友数人,用间谈的方式无意之中施以教育。这种谈话会常有一个人做领袖,可是其他的人都有同样发言的机会。所谈的话也有一个中心,可是要用自由讨论的非正式方法。英国青年会的教育部有一个围炉谈话部,做各地围炉谈话会的指导。

体育

(Physical Eduction)

健康教育(见另条)的一部分。旧与德育、知育并举。

何氏艺徒学校

(R. Hoc&Co. Apprentice School)

该校设立在纽约城何氏公司中,1872年方始开办(详见"美国艺徒学校"条)

佣工训练所

这所是中华职业教育社的附设机关。它的目的在增进佣工智能,改善社会生活。

佛曲

南方民间叙事诗的一种,有千余年的历史。今所传最古的为敦煌石室所发见的《八相成道俗文》。流行的有《香山宝卷》、《孟姜仙女宝卷》、《鹦哥宝卷》、《珍珠塔宝卷》、《梁山伯宝卷》、《刘香女宝卷》、《白蛇宝卷》、《目莲三世宝卷》、《何仙姑宝卷》等。见郑振铎:《佛曲叙录》(《中国国学研究》,商务印书馆出版)。俗称唱佛曲为宣卷。

近代艺徒学校

(Modern Apprentice Schools)

美国的艺徒学校是专门训练艺徒技能上的知识,每区有一委员会,由雇主、公共团体及公立学校的代表组织而成。上课时间在日间或夜间,每周以4小时至8小时为限;每年至少须上课25次,每次不得过两小时。教授课程,关于手工业的以机械制图、实用数学、商业地理、商店管理法等为主要。它们的目的是训练良好的工匠和技师,能绘制各种建筑物和复杂机械的图案,了解机械修理法和培养发展工业的领袖人才。

希腊的成人教育

(Adult Education in Greece)

希腊的成人教育事业不甚发达,国内各大都市中所办的夜课学校事业,都是由私人团体维持的。例如男女青年会马其顿的教育会等处。男青年会教育事业的工作是在1920年设立的,当时仅有学生四十人及教员二人。现在校务很发达,学生中有海陆军官大学以及中学的学生及其他有专门职业的人,总数已增到四百四十人。自该校开办后,其他各团体亦已仿行,现在雅典一城,夜校已达15所。女青年会为不识希腊文的女子而设立的学校,有英文、法文、簿计、打字学、速记学、缝纫以及希腊文等课程。她们非常注意于娱乐以及运动方面,同时她们也常在冬季举行各种演讲。会中所开设的半日学校及夜校已收学生约百五十人。

库珀学社

(Cooper Union)

美国库柏学社是库珀氏(Peter Cooper)[1]在纽约所首创,库珀氏原意要建筑一所社屋,下层是博物馆,二层是"西洋镜"式的世界名胜展览场,三层分为许多小室,供工人谈话、辩论;再上是屋顶花园,为工人散步、休息、看风景、听音乐的地方。后来采纳了专家的设计,便牺牲自己的意见,办成一个图书馆、大会堂和一所完全的工艺学校。库珀氏自己捐了美金 200 万元,钢铁大王卡内基捐了 60 万元,还有某富翁捐了 40 万元。这库珀学社便成了美国唯一的巨大工人教育机关。

沪东公社

社址在上海杨树浦,由沪江大学指导创设。经费来源由沪江大学向附近工厂募集,举办事业除小学、初级中学外,有民众夜校。夜校分男女二部,并办理工人合作机关、阅报社、民众影戏、游艺会、卫生运动、沪东剧社等事务。该社对于民众教育上有重要贡献的,便是编辑中国的民众读本的作俑者。

启导学级

(Tutorial Class)

英国初行大学推广运动的时候,一切的管理、方针和科目都出于大学方面的主动,往往不能遵应受教者的需要。为免除这种弊病起见,在 1907 年,牛津大学和工人教育会联合设立了一个启导学级。这是革新大学推广运动的第一声。启导学级的办法,先要有二十到三十个想学习同一科目的学生,然后由联合委员会(一地的大学和工人教育会所合组)介绍讲师一人担任教导。每年上课约二十四次,每次二小时:一小时讲演,一小时讨论。过了一定的时期,要做论文一篇。启导学级有 4 种:1. 一年

---

[1] 彼得·库珀(Peter Cooper, 1791—1883),美国制造商、发明家和慈善家,第一辆美国机车的制造者,1859 年他"以推进科学和艺术为目的"在纽约市创办了库珀学院,提供艺术与自然科学方面的免费课程。——编校者

启导学级,2. 三年启导学级,3. 预备启导学级,4. 高等启导学级。其中以三年制的最为普通。启导学级的学生大都是为学问而求学问,毕业以后不能得文凭。

补习学校

为失学或无力继续就学者而设。其阶段和内容很繁(见"补习教育"和各国成人教育各条),现在我们所办的民众学校,只是一种识字补习学校。其人主张还应设法多办职业补习学校才好。

补习教育

对于失学或无力继续入学的儿童或成人施行的教育。其目的有识字、公民训练、识业训练和一般文化等。其阶段有相当于小学的,这是专为失学人们而设,在欧美除对于被统治民族或移民以外已罕见。有相当于中学或大学的。各国义务教育完成了,进一步谋中等教育的普及,所汲汲经营的补习教育(无论文化的或职业的)多指这一阶段。其他如丹麦的民众高等学校(见另条)、英美的大学推广事业(见另条),那就相当于大学的程度了。

社会学校

(Gemeinschaft Schule)

这校是德国汉堡市(Hamburg)学校教师所创,其制是合教师、学生以及学生家长为一社会,从事互相合作的活动。学校内无固定形式的课程,而采取生活教学法,师生常偕作旅行或共同作一种长期的工作。其学生家属每逢星期或休假,也常到学校帮同修理房舍或点缀庭园,以其劳动增进学校的幸福,这种自助助人的精神最能使人感动而悦服。

社会教育

(一) 和家庭教育、学校教育相对待。为已出学校或无力入学的一般民众而施行的教育或文化事业。如图书馆、博物馆、体育场、音乐会之类。英文中无相同的名词。(二) 社会生活在个人身心上所发生的教育功能,英文"Social Education"一名词,多指此意义。(三) 书名: *Social Education*,论社会活动在教育上的效用,美国 C. A. Scott 所著。(四) 现时教育行政机关的社会教育部分,多包括民众补习教育和社会教育而言(见"民众教育"条)。(五) 书名: 谢荫昌编,民国二年(1913)出版。

社学

明制,设社学,民间幼童 15 以下者遣入读书;清制,州、县之大乡、巨堡各置社学。以生员为社师,免其差役。凡近乡子弟年 12 以上 20 以下,有志学文者入学肄业。

《"识字运动"宣传计划大纲》

这是民国十八年(1929)二月教育部公布的。分组织和办法两大项。组织里面是指示各省、各特别市和各县、市设立识字运动宣传委员会的人选、组织和职务。办法方面是规定宣传周或宣传日的宣传方法、地点、期间、人员和资料。

阿根廷的成人教育

(Adult Education in Argentine Republic)

阿根廷不识字的民众平均约在 25％ 左右,所以它们的成人教育很注意于识字一方面。初级的成人学校,设立在初级小学、军营、军舰以及监狱等处;他们特别注重到军队中服务年龄二十左右的成年和从国外迁来的移民。在 1925 年,海陆军人在受这种成人教育的将近八千人之谱。初级成人学校多半是在晚间授课,以免妨碍日间工作。来就学的多半是不受强迫教育限制的外国移民(在 Buenos Aires 一带)。这样学校已有 82 所。

纽约民众讲习所

(The People Institute of New York)

始创于 1897 年,起初不过为一讨论公共问题的讨论会。后乃逐渐扩充课程,大都取法于库柏学社(Cooper Union)。虽不直属于库柏学社,但讲演事务多由库柏学社供给维持。其中听众多半是移民。每年自 11 月至 5 月,每周演讲 3 次。

纽约夜学校

(New York Evening High School)

纽约城在 1866 年设立夜校,课程与寻常高等学校相似,有数学、自然科学、英文以及各国语言。在 1877 年投考者有三千五百人,而录取约有一千八百人。

纽约保姆学校

(The School of Mothercraft in N. Y. City)

纽约保姆学校创办于 1911 年,以教授家庭管理、保育婴儿为宗旨。入学者为家庭中的主妇、佣妇、看护妇、幼稚园教师。其课程为家族研究、生物学、婴儿保育法、食事研究、洗衣、缝纫、市情研究、家庭管理。

纽约烹饪学校

纽约烹饪学校专以教授烹饪为宗旨,以便改良家庭中烹饪方法。设有早班、夜班、土曜日班、午后班等,每周授课 1 次,12 星期修毕。入学者多为家庭主妇或学校教师等。

八画

《青年工人的教育机会》

(*Educational Opportunity for Young Workers*)

书名,1926 年纽约麦克米伦公司出版,著者是伊文思(O. D. Evans)。这书的内容,是述研究从事工作的人,在工余时间继续求学的种种机会。供给这些机会的事业,包括公立夜校、补习学校、合作训习班等。本书尤其是详细讨论夜间的补习学校。这本书又论这些教育事业,如何适应学生的职业、公民、康健、文化等的需要。

青年团

日本青年团是一种重要的社会教育事业。目的在谋青年智德的修养、身体的锻炼、群众生活的训练和服务习惯的养成。团员年龄规定 12 岁至 25 岁,指导人员以小学校长、市町村长等充任。团员除受相当教育外,并服务于警备、消防、修路、水防及公共建筑等事。

青年男女农艺会

(Boy's and Girl's Agricultural Clubs)

这会是美国农业大学推广事业的一种组织。它的目的在以农业知识灌输到一般青年男女,使他们自动的实习,以造成科学的农民。农艺会分类很多,如畜牧方面有养猪会、养禽会;作物方面有玉蜀黍会、棉作会;园艺方面有种薯会;家政方面有少女罐头装置会、缝纫会。这种会的设立,大概视各地情形的不同而组织一会或数会,由州指导员总理其事,而农务部协助进行。指导员拟定会章、招集会员,同时大学出版书报供给他们利用,至农产收成后,陈列品评,分别给奖品,由村指导员报告州指导员历年比较其成绩,后有州指导汇集各村的优秀者,再拨其最优者而奖励之。这种提倡的方法,很可使得青年男女对于农业得着丰富的兴趣。密歇根州在 1920 年有农艺会员八千人,可见其事业的发达了。

表演

(Demonstration)

试演一种活动或方法,以供模仿和学习,谓之表演。如农事表演、家事表演、教学表演之类。习惯语又以参加游艺的活动为表演。

拉斯基

(Harold J. Laski)

英国伦敦大学名教授,生于 1893 年。毕业于牛津大学。曾在美国耶鲁、哈佛两大学任讲师。1926 年以后,任伦敦大学政治学教授。氏著作很富,又擅辩才,为现代政治哲学一权威。氏对于成人教育,也有好几篇论文,现为英国成人教育研究社(British Institute of Adult Education)的副主席。

耶克斯利

(B. A. Yeaxlee)

英国青年会和大学推广干事,生于 1883 年。所著关于成人教育的书数种,如有《教育的民族》(*An Educated Nation*)、《成人教育之精神的价值》(*Spiritual Values in Adult Education*)等。

英国成人学校联合会

(National Adult School Union)

这会成立于 1899 年,至 1914 年始改用今名。组织目的是要使各地成人学校各地的联合会得到一个交换意见、互相切磋的机关。同时又常常把所搜集的和研究的材料,送给办理成人学校的人们,使得他们对于社会的、教育的、宗教的事业有充分的贡献。所以这会很能促进全国成人学校的推广和发展。这会的工作由教材编辑委员会、社会教育委员会、妇女委员会、国际工作委员会、青年工作委员会、执行和经济委员会等 6 会分工进行。

英国成人教育社

(British Institute of Adult Education)

这社是世界成人教育会的英国分会,成立于 1921 年 5 月。它的目的有三种:(一) 研究和探寻新的发展及讨论种种问题;(二) 考查成人教育的状况及有关系的事业;(三) 宣传成人教育的思想及知识,并鼓励成人教育的发达。社员多是英国教育界及社会上知名之士。历年所出刊物甚多,1926 年更出了一种半年刊,《成人教育杂志》(*Journal of Adult Education*)。

英国各工人教育会(W. E. A.)的通信处

1. 英格兰的:16, Harpur Street, The obalds Road, London.

2. 南威尔士的:John Davies, (Secretary)38, Charles Street, Cardiff.

3. 北威尔士的:Reilyn Roberts, (Secretary) W. E. A. Distrcit Office, University College of North Wales, Bangor Caernarvanshire.

4. 爱丁堡的:Miss M. H. Annal(Hon. Secretary)33, Landale Street, Edingburg.

5. 苏格兰的:177, Hill Street, Charing Cross, Glasgow.〔详见:*The Handbook & Directory of Adult Education* (1928‐1929)〕

英国的成人教育

英国的成人教育发动于教会,促进于工业革命,发展于政治改革及社会运动,第一次世界大战以后,渐入成熟时期。经过的情形:(一) 1711 年基督教知识促进会(Society for the Promoting of Christian Knowledge)[1]设立一成人夜校,以读《圣经》为目的。这是英国成人教育的第一声。此后各地仿效。夜校之外,星期学校(Sunday School)、成人学校(Adult School)等也如春笋竞发。(二) 18世

---

〔1〕 基督教知识促进会(Society for Promoting Christian Knowledge, SPCK),是从属于英国教会的团体。T·布雷等 4 人 1698 年设立。旨在天主教徒中普及基督教知识。是英国初等教育发展的一个渊源。为贫苦儿童设立慈善性质的问答学校,这种学校除了传授宗教教义之外,也教一些读、写、算的初步知识,及手工、园艺、缝纫等常识和技能。生活上为学生提供必要的衣食,有时也提供住宿。教师须是获得各教区牧师推荐的 25 岁以上的教徒。这种学校最初设立在伦敦及其近郊地区,后来为各地的慈善家所仿效,他们纷纷出资办学。此后,促进会的活动重心是对这些学校给予必要的资助,对它们所实施的教育进行监督,并以致力于出版工作,以廉价出版与基督教有关的书籍而著称。——编校者

纪末 19 世纪初的工业革命,使一般民众感到工艺技能之不足,于是有工艺学校(Mechanics Institute)的兴起。最早的提倡者为安德森(John Anderson)、伯克贝克(Birkbeck)二人。此项运动到 1850 年后日渐衰落。(三) 19 世纪的中叶,英国政治及社会运动的倡导者都觉得民众知识太低,于是有提高工人知识的工人学院出现。1842 年设菲尔德(Sheffield)设立的人民学院(People's College)是这运动的先锋。(四) 剑桥大学在 1873 年,牛津大学在 1878 年先后举行大学推广运动,大学的教授对民众公开讲演,并指导使用参考书籍。后来又有"导师学级"(Tutorial Class)的兴起。此外青年会、合作协会和各种工会都兼办教育事业。(五) 大战以后,英国觉悟一般民众文化教育的不普及和公民训练的欠缺,于是政府和劳工阶级对于成人教育合力提倡,城市之外,推及乡村,程度也提高到大学的标准。成人教育成为 20 世纪英国的新生命了。

《英美高等教育之都市的影响》

(*Urban Influences on Higher Education in England and the U. S. A.*)

书名,布鲁克林工艺学校(Polytechnic Institute of Brooklyn)校长科尔比博士(Parke R. Kolbe, Ph. D.)著。1928 年由美国麦克米伦(Mac Millan)公司出版。书中叙述近代英国因都市发达而产生的两种结果:1. 增加工人对于成人教育的需要,2. 都市大学的添设。著者又述到美国都市大学的情形,例如市立的大学前期大学(Junior College)与城市的关系,以及工人与高等教育的问题等。

《英格兰的补习学校》

(*Continuation Schools in England and Elsewhere*)

书名,编者萨德勒氏(M. E. Sadler)为英国著名教育家。书中以英格兰之补习教育为中心,以苏格兰、丹麦、瑞士、德、法、美为比较。出版处:Manchester University Press, 1908。

矿山博物馆

德国矿山博物馆,创立于 1860 年。所陈列的为德国的矿山矿物,及地质等材料与采矿次序等。这馆的宗旨,在使民众知道矿物的重要。

昆曲

明魏良辅[1]所始唱,曲用南曲,乐器为明笛,其乐律缓而温雅。但因词句太深不能通俗,声音太低不宜大众演奏,过于温和使人沉闷,其地位已给京戏占了。

国立劳动大学

设立于民国十六年(1927)九月。始依中央政治会议议决案,将江湾模范工厂、游民工厂改设劳工学院,后因上海大学被封,遂又茸其校舍,增设劳农学院。宗旨有二:1. 发展劳农教育,2. 试验劳动教育。校中组织,除两院外,尚设研究院、中学、小学及成人学校。年限大学、中学各 4 年,小学 6 年。

《国民体育法》

这是十八年(1929)四月国民政府公布的。全文共 13 条,规定全国青年男女有受体育训练的义务,父母或监护人应负责督促。关于体育的目的、方法和各种体育团体的组织,条文中所规定的都很详细。

国民教化扩张会

德国国民教化扩张会,系 1871 年拉衣频唔博士所创设,其目的在使民众了解现代社会的政治的情况。其事业有二:1. 奖励国民教化;2. 实行国民陶冶。其组织分中央部、地方部。中央部只补助地方部的费用;地方部最尽力的是:1. 通俗图书馆;2. 公开演讲,讲题多近代科学的进步、文艺思想的普及等。间有用幻灯或其他的娱乐会以施教。

国民教化运动

这是一种因时应势而起的教化事业。如我国奖励国货运动和裁兵运动、美国禁酒运动、日本生活改善运动、德国国民教化扩充运动、英国贫民教育振兴运动……都是国民教化运动。

---

[1] 魏良辅(约 1522—1572),字尚泉,号此斋,江西新建(南昌)人。明戏曲音乐家。精音律,熟谙南北戏曲。认为南曲"平直无意致"。嘉靖年间在张野塘、梁辰鱼等合作下,吸取海盐腔、余姚腔、江南民歌小调的优点,对昆山戏曲加工整理改造,创"水磨腔",即昆腔。有《曲律》即《南词引正》。——编校者

国际妇女服装工会

(International Ladies' Garment Worker's Union)

这个工会里有一个教育部办理了不少的劳工教育。每年 11 月至次年 4 月，大约有 22 个星期，部中举行各种的演讲和大学程度的高等教育。

国际新式学校联合会

(Bureau International des Ecoles Nouvelles)

这会成立已有三十年的历史。最初于 1889 年由雷迪博士(Dr. Cecil Reddie) [1] 在德比郡(Derbyshire)设立一所新式学校。1892 年巴德利(Badley) [2] 在贝达尔斯办一所较大的男女合校。1898 年利茨 [3] 氏在卢金岛中创立乡村学校。1899 年，法国某社会学家参观德比郡学校后，也在诺曼底附近办了罗什学校；经过二十余年，这所学校在法国新式学校中，要算最有成绩的。

国语文学

中国言文不一致，文言太艰难，很为教育普及障碍。宋人语录，元人戏曲小说，已有用白话的，但学校向来都教文言文。民国六年(1917)，胡适、陈独秀等倡"文学革命"，说文言是死文字，不能产生活文学，只有国语的文学，才是活文学。九年(1920)教育部令小学改授国语文，十七年(1928)全国教育会议议决：小学不得再教文言文。这是普及教育上一重大关键。

---

〔1〕 雷迪(Cecil Reddie，1858—1932)，英国教育家，"新学校运动"发起者。1885 年，在英国的阿博茨霍尔姆城开办一所"新学校"，并亲任校长，至 1927 年退休为止。他批评旧学校不能适应现代生活的需要，强调新学校的主要任务是促进学生的自由发展，训练学生的智力、体力和技能；强调学校教育要和实际生活相适应。新学校建立在乡村，实行寄宿制。主张在新学校里进行广泛的教育，包括设置文学与艺术方面的课程、体育和手工劳动、社会教育、道德和宗教教育。他企图通过教育改革实验，为英国的社会改造提供基础。雷迪的教育思想和实际活动，对"新学校"运动的发展起了重大影响，故有人称他为"新教育之父"。

〔2〕 巴德利(John Haden Badley，1865—1967)，英国教育家，"新学校运动"的代表人物之一。受雷迪的影响，在借鉴阿博茨霍尔姆学校的基础上，大胆进行改良，并进行新的尝试，创办了"新学校"贝达尔斯学校。——编校者

〔3〕 利茨(H. Lietz，1868—1919)，德国教育家。"新学校运动"的重要代表之一。在思想上受到卢梭和裴斯泰洛齐等人教育思想的影响。在参观了雷迪的学校之后，他于 1898 年在德国哈尔茨山区的伊尔森堡创办了德国第一所乡村教育之家，招收 12—16 岁的学生。以后，他又创办了另外两所乡村教育之家。在利茨的影响下，德国先后出现了以他的学校为模式的许多新学校，形成"乡村之家运动"。利茨作为这个运动的奠基人而享有盛誉。——编校者

国语拼音

清末西洋人初来传教，苦语文难学，用罗马字拼音用之。但他们对中国语音没有研究，方法也不适用。光绪末年，普及教育的呼声渐高，王照[1]氏始有《官话字母》，劳乃宣[2]氏又改为《简字》(见另条)以京音，后加韵母，成地方音，这是《注音字母》(见另条)的起点。民国元年(1912)，教育部召集读音统一会，制定《注音字母》。原以为可作民众教育的工具，但后来常用一千字的字汇出，《注音字母》又不用了。近又有专家，倡罗马字拼音说，已有好几个方法发表。看似一种空想，但土耳其为普及民众教育却毅然地实行了。

典章运动

(Chartism Move)

自 1832 年至 1848 年间，英国工人起了很大的普选运动，游行宣传，要求普遍选举权。最后一年，声势浩大。号称有六百万工人签名的《民众权典章》(*Peoples Charter*)请愿书，要用多辆火车装载，二十万人排队随行，送达国会。后经军警和民团同时出防，才把骚动镇压。这在社会运动史上，称为"典章运动"[3]。典章运动以后，普选领袖霍吉斯金(Hodgskin)[4]、洛维特

---

〔1〕 王照(1859—1933)，字小航，又字藜青，号水东。直隶宁河(今属河北省)人。光绪二十年进士，由庶吉士改官礼部主事。曾参与维新，戊戌政变后，与梁启超同流亡日本。1900 年回国，仿日本片假名创官话字母。1905 年前后，创办《拼音官话报》。1913 年任读音统一会副会长，后辞职。晚年从事经学研究及著述，持教育救国主张。有《水东集》、《小航文存》等。——编校者

〔2〕 劳乃宣(1843—1921)，字季瑄，号玉初，又号韧叟。浙江桐乡人。中国近代音韵学家。清末修律，礼、法之争中礼教派主要代表人物之一。曾任直隶知县、宪政编查馆参议、政务处提调、江宁提学使、京师大学堂总监督等职。曾参与清末的切音字运动(即拼音文字运动)，依王照的"官话合声字母"增订成"合声简字"，即《合声简字谱》，除了《京音谱》(北京话)外，还有《宁音谱》(南京话)、《吴音谱》(苏州话)和《闽广音谱》(广州话)等方言切音字。这套方案曾得端方、周馥等大臣的支持。——编校者

〔3〕 典章运动，即宪章运动。——编校者

〔4〕 霍吉斯金(Thomas Hodgskin, 1787—1869)，英国经济学家和社会评论家。早年当过海军。曾创办《职工杂志》，筹划设立职工学校，从事工人教育。从空想社会主义立场，维护无产阶级利益，批判资本主义。经济理论上，根据李嘉图的劳动价值论，论证资本的非生产性，并指出资本主义生产方式的必然灭亡，成为李嘉图派社会主义的代表理论。著作有《保护劳动反对资本的要求，或资本非生产性的证明》、《通俗政治经济学》等。——编校者

(Lovett)〔1〕等,基督教社会主义者金斯利(Kingsley)〔2〕、拉德劳(Ludlow)〔3〕、莫里斯(Maurice)〔4〕等,均努力从事工人教育。

罗威尔讲习所

(Lowell Institute)

美国罗威尔讲习所是波士顿最先成立而最著名的文化机关。也可算是成人教育的机关。1839 年由 John Lowell 遗产设立。讲演的人们颇多学界名流,讲的题目多为社会上、政治上、科学上的各种问题。近数年来,每次演讲,平均听众有 400 人。1924 年始,每周两次演讲,全年共听众 25 000 人。除演讲外,还办理星期学校、夜学校等。

罗斯金大学

(Ruskin College)

英国罗斯金大学创于 1899 年。这校校名是纪念英国文学批评家罗斯金氏,因为他扶助工人教育最热烈的缘故。这校是英国劳工界成年男女继续补修学业的场所。凡在此受过教育的,出校以后更为工人教育运动服务。因此深得各地工会的赞助,每年派遣会员来学者数百处,校内课程大都为经济学、政治学、社会学和其他科学。

---

〔1〕 洛维特(W. Lovett, 1800—1877),英国工人运动的著名活动家,宪章运动领袖之一。生于英格兰西南部康沃尔郡。早年受欧文空想社会主义思想影响,积极参加合作社运动。1831 年加入"全国工人阶级联合会",并成为该组织的骨干。1836 年 6 月与他人共同创办"伦敦工人协会",当选为协会秘书。1842 年以后致力于教育事业。1857 年以后为工人阶级写了许多教科书。主要著作有《宪章运动:人民的新组织》等。——编校者

〔2〕 查尔斯·金斯利(1819—1875),诗人、小说家和改革家。曾任维多利亚女王的牧师,剑桥大学的现代历史学教授,威斯敏斯特教堂的教士。在他职业生涯的早期,他和其他基督教社会主义者试图"将基督教徒社会主义化,并将社会主义者基督教化"。金斯利在 1848 年的动荡时期到达伦敦之后,参与了宪章运动,并在公共集会上宣布"是一个宪章主义者"。——编校者

〔3〕 拉德劳(1821—1911),英国合作社运动活动家,律师,政论家,基督教社会主义创始人之一。——编校者

〔4〕 莫里斯(F. D. Maurice, 1805—1872),英国神学家,基督教社会主义的倡导人。由于其学生勒德罗(基督教社会主义运动的创始人)的劝说,参加基督教社会主义运动,参与《民享政治》的编辑,鼓吹基督教社会主义。基督教社会主义运动失败后,转向工人教育方面。1854 年创办"伦敦工人学院",自任院长兼教授文学。著有《世界的宗教》、《道德和形而上学的哲学》等。——编校者

罗斯金学院

(Ruskin College)

罗斯金学院创立于 1899 年,是英国牛津(Oxford)的一个劳工学院。这学院的目的不是供给工人职业的技能,而是供给他们公民常识,尤其注意造就劳工领袖,以便将来做国会议员或工会职员。所以课程注重社会科学而轻自然科学。所收学费甚廉,免费额很多。创办人是美国人沃尔特夫妇(Mr. & Mrs. Walter Vrooman)。

《图书馆与成人教育》

(*Libraries & Adult Education*)

书名。著者是美国图书馆协会(American Library Association)。美国图书馆协会成人教育委员会费了两年研究的结果。研究图书馆事业如何可以补助成人教育的进行,如何成为成人教育的一种有效力工具。全书分两篇:第一篇,述委员会考察的结果和贡献的意见;第二篇,详论如何补助工人的成人教育及如何同各种成人教育事业,像博物苑学会等发生联络,及如何补助他们。

图表

统计学上表示事实的方法,有表列法与图示法。表列法:用文字或数目,将统计事项排列成表;图示法:更以图线表出之,使之更为明显。

《知行书信》

书名,陶知行著,亚东图书馆出版。这是陶先生近年来写的信札,中多论民众教育、乡村师范教育,随便写来,更加亲切有味。如《劝慈母读千字课》、《下乡拜年——同牛大哥同铺》等篇,令人看了十分感动。

知育

(Intellectual Education)

旧名。一切教育都是知的,所以另标出一种知育来,不妥。一切教育都要行的,所以专提知育,好像和行无关,更不妥。

佩顿

(Dr. John Paton)

佩顿博士为英国全国家庭读书会(见另条)的创办人。

京戏

前清至今通行的剧曲,有西皮、二黄等腔,另见各条。

法国工人补习教育

巴黎市政厅特为巴黎年幼学徒及工人设有夜课学校 14 所,工场学校 4 所,用器画学校 4 所。市政厅内又设手工讲习所。其它全法境内,由各地市长设立夜课学校者计四千余所。尚有因各地特殊需要而设的特种工艺补习学校多所。

法国成人教育

法国成人教育和学校教育已完全融洽无间,所有大学及专门学校,均视为一种公开研究学问的机关,任何民众皆可前往听讲。如巴黎大学每授课时,旁听生人数常较正式生为多,教员每课教材各成一段落,听众每次听讲均有一种系统的知识。每一教室红颜白发,杂沓错综,常致不能辨别谁是学生,谁是校外民众。其他大学也多类此情形。此外,还有许多公开演讲机关,为民众研究高深学问的场所,如巴黎法兰西学院、国家博物院、巴斯德学院等,常聘国内有名学者定期讲演,一般民众皆可前往听讲,概不收费。更有各种成年补习学校,也是教授一般成人,如商务管理学校、农业机械学校、冬季农业学校、海洋学学校、人类学学校,都是成人的教育机关。

《河南民众课本》

河南教育厅编审委员会编辑。全书 120 课。于普通教材外,多采河南省特殊材料。

注音字母

民国元年(1912),教育部召开读音统一会,制定注音字母 39 个,内声母 24,介母 3,韵母 12。七年(1918)又公布之。九年(1920)北京设国语讲习所,宣传很力,流行也渐广。近《民众千字课》,都根据常用字汇,注音字母又渐不注意到了(参看"国语拼音"条)。

波士顿工会学院

(Boston Trade-Union College)

此校成立于 1919 年,为波士顿中央工会所设立。专以教育工人,促进劳动阶级之进步为目的。学费甚廉,但仅收工会之男女会员,不入美国劳动联合者不能入学。

波可诺民众学院

(Pocono People College)

美国波可诺民众学院,是合于美国国情的一种丹麦式的学校,为马赛厄森 (S. A. Mathiasen)创办。马氏曾先到丹麦去研究民众高等学校,然后才试办这个机关。专收一班不合入正式学校的民众,施以三个月的通俗教育。校中男女同学,须分任烹调、浣洗等事。大部分学生是 20 至 25 岁,还有已到中年的。课程有历史、文字、社会学、自然科学、体育、家庭经济等科目。每日上课二三小时,余则从事各项娱乐事业。每星期有师生讨论大会,讨论各项问题。该校对于娱乐方面极为注重,认为学习不与娱乐联络,不可引起成人学习的兴趣。

波兰的民众教育

波兰的民众教育是到了 1918 年,国家获得独立以后才正式开幕的。在亡国时代虽然也有许多努力,但因政权操在德、奥、俄三国之手,不能自由扩展。现在波兰的民众教育界有两个大团体:1. 波兰教育团体联合会,2. 社会团体教育事业联合会。属于前者有:(a) 民众图书馆协会,(b) 民众学校协会, (c) 波兰"学校之母"协会三大机关。这三个机关都是在战前便已成立,历史比较悠久,势力也深厚。属于后者有许多新兴的团体,如小学教员联合会、合作社联合会、农会联合会、中央成人教育局、民众剧院联合会、工人大学协会等等,这许多团体代表波兰教育界的一个新势力。综观波兰民众教育的现况,有以下的几个特征:1. 注重文盲教育;2. 注重乡村教育;3. 注重师资的培养; 4. 注重政治的训练。

宗旨

一种活动的中心原则。教育宗旨,清末和民国元年,都曾颁布过。但实际教育多和那种成文的宗旨不很相关。不像日本天皇的《教育勒语》,得到人民的宗教性的恪守。现在中华民国教育宗旨为:"中华民国之教育,根据三民主义,以充实人民生活,扶植社会生存,发展国民生计,延续民族生命为目的,务期达到民族独立,民权普遍,民生发展,以促进世界大同。"

《实施民众教育案》

这是民国十七年(1928)全国教育会议议决的,请大学院聘党国硕彦专家及有关系的机关与团体代表组织民众设计委员会。其办理事项凡五条,重在制定强迫民众教育法令、规定民众教育种类、教材内容、标准和训练民众教育人材等。

试验

(Experiment)

凡设为一种情境,其现象是可以复现和控制的,然后变更其中现象的某一项,以窥测其结果有何种相当的变更,因而得到正确的结论的,谓之试验。试验是有严密的方法的,尤其是必须有情境的控制(Control of conditions)、结果的测量(Measurement of results)、正确结论的获得(Drawing of accurate conclusions)。习惯语内,凡新创而没有固定程序的事情,统泛称为试验,其实只是一种"尝试与错误"(Trial and error)的程序而已,无当于学术上的所谓试验。

视察工作

(Follow-up Work)

这是美国有几所成人学校的一种特殊工作。教员平均在一周内,须费 4 小时至 12 小时视察学生家中或工作地方的状况(因为成人学校学生不是整日的求学)。它的目的是利用实地观察,调查学生工作的情形,藉此机会明瞭学生的实际的情形和需要,然后将教材改良,以适合他们的生活上的要求。

函授学校

用通信方法施行教学的教育机关。这种机关有单独设立的,有附设于正式学校或它种机关的,是为无暇入学校听讲的人设立的。程度有中等、有高等,对于识字过少的人不适用。大学推广也有用函授方法的。

《函授学校、讲学会和肖陶扩社》

(Corres Pondence Schools , Lycems , Chautauqua)

书名,作者是诺夫辛格,1926 年美国麦克米伦公司出版。它的内容是述美国的成人教育。每年入私立函授学校、学会、Chautauqua 的,有八百万人至一千万人的求学盛况，并且把这些广大的带有营业性质的机关加以分析。作者又陈述了这些教育事业的历史。

九画

珀西

(Eustace Percy)

英人，生于1887年，毕业于牛津大学，任国会议员。1924年到今为英国教育部长。所著成人教育论文，见 *Stanley—Way Out* 书中。

《城市平民教育丛刊》

商务印书馆出版，内分《平民教育运动术》、《平民学校教学法》、《城市平民学校课程论》、《城市平民学校的教材》、《城市平民学校视导法》、《平民学校管理法》、《城市平民学校之测验》、《平民学校招生法》、《编辑平民报纸的经过》、《北平之表演平民学校》等册。

政治教育

狭义的公民教育（见"公民教育"条）。

指导

(Guidance)

（一）无论在行为抑或在思想上，成熟者对于不成熟者的指挥、引领或矫正，均谓之指导。教育就是一种指导的作用。又如特种事项，职业指导、农事指导、道德指导等皆是。（二）教育行政上监督、指挥、矫正，通称为监导（Supervision）的，有时也称为指导。

挪威民众高等学校

(Folk High Schools in Norway)

在挪威，民众高等学校有两种：国立的和区立的，这两种学校彼此互相竞争，彼此互相模仿，原有特点往往因此而失去。国立的学校是效法丹麦式的民众高等学校，来引动青年人的国家精神。这类学校在挪威各城乡中都很多，往往在一个区内设立有几所学校。授课时间多半在冬季,男女兼收。课程有国语、历史、数学、自然科学、家庭经济等。学校备有膳宿,所以学生多半住在校中,因此师生间很为接近。

挪威的成人教育

(Adult Education in Norway)

在挪威乡村、城市中,都有补习学校的设立,它们与初级学校是相衔接的。课程的期限不一,自数星期到十年。在城市中,商业常识是特别注重。在奥斯陆(Oslo)的补习学校,偏重职业方面,为妇女设立的比较为多。在各处又有工艺夜校的设立,学生以青年工人为众,主要的课程是数学和机械画。在其他各较大的都市,也有类似的专门职业补习学校的设立。

南非工人补习学校

(Continuation Schools in South Africa)

在南非,工人补习学校有三种:(一)专科学院,完全在日间讲授,教材是选择学生日常工作上适用的各种理论。(二)补习班,与专科学院相似,不过教授的时间不是全日的。(三)工业学校,由政府设立的有 4 所,专为各工厂中的艺徒而设立的。

南京职业指导所

上海职业指导所成立后三月,中华职业教育社与南京青年会联合设立南京职业指导所,专事提倡实施职业指导,其任务如指导研究职业、选择职业、准备职业、加入职业、改进职业、改图职业等。组织和事业与上海职业指导所相似。

标本

(Specimen)

为教学上的便利,所采集保存的物类的标样,谓之标本。

标语

(Poster)

政治宣传上,用紧要的警语张贴出来,称为标语。现时教育上也常用,但因民众识字的人不多,单用文字的标语,效力还不很大。

柏林民众图书馆

见"德国成人教育"条

《威尔莫特律》

(Wilmot Law)

威尔莫特律是 1913 年纽约州颁布的。规定补习教育必须强迫施行。起初纽约各地虽有补习学校的设立,就学的人尚不多,因此在 1910 年通过一条新律,强迫在 14 岁到 16 岁的未入学的青年,每年至少须入学 16 周,每周补习 6 小时,但注意的地方还是很少,因此又有威尔莫特律的规定。凡 14 岁到 16 岁有工作的青年,须受每周约 4 小时到 8 小时的强迫补习教育半年。

研究

(Research)

用严密的方法,探求某项事实或原理,而得到一个正确的结果,谓之研究。这种方法,通用的有:历史法(Historical Method)、访问和调查法(Questionnaire and Survey Method)、统计法(Statistical Method)、试验法(Expermental Method)、例案法(Case-study Method)等等,都是各种科学所共同的。习惯语内,将随便调查一项事实,或考量一个问题,也泛称为"研究",那是无当于学术上的所谓"研究"的。

研究团

(Study Circles)

英国研究团是一种工人教育的事业。每逢星期六或星期日工余的时候,大家聚集了一处,由工人教育会发给研究大纲,每团公举一人做领袖,互相问答、讨论,以启发智慧,增进学识。

《贱价文库》

(*Cheap Repository Tracts*)

这种平民刊物是英国莫尔[1]女士(Hannah More)在门迪普(Mendip)矿工

---

[1] 莫尔(Hannah More, 1745—1833),英国女作家、诗人,以写通俗宗教劝世短文著称。较为关注贫苦工人的教育。曾根据威廉·威尔福伯斯的建议,在萨默赛特郡门迪普矿区创办了一所工人学校。她著有小说《科埃莱布斯寻妻记》、《乡村政治》等。——编校者

区设工人学校的时候所著。一年销行 100 万册,政府也拨款购买,分发各处。

俄国的劳工学校

(Uniform Labor School in Russia)这是俄国的一般小学的名称。凡男女年龄在 8 岁到 17 岁均可入学,分初、中两级,在苏维埃共和国内共有这样学校十万零八千五百所,学生约九百九十万人。初级校中一切的费用是全免的,中级校中除雇主或商家以外,也是全免的。每校中有一委员会,由教员、校医和技匠的代表、区党代表、青年团代表、妇女会代表各一人,及学生代表组成,但学生代表不得超过委员全数 1/3。每校又有一助理委员会,由学生家长组织,他们可以监察校务,但不能干涉行政。助理委员会也可有代表出席全校委员会。他们的教育有两种特点:一是特别注重劳动,以日常劳动工作为学校课程中的一部分,二是与政治方面很接近,校中常有各种与政治有关的会议或演讲。

信条

(Creed)

本宗教用语,个人信仰的表述。基督教礼拜中读之。三十年前,杜威(Dewey)初发表他的教育主张,名《我之教育信条》(*My Pedagogic Creed*),新颖而引起人的注意,流传很遍。近年国内有许多学校,在刊物上或校场上张贴标语,也称为信条,千篇一律,已成俗套。

《剑桥大学成人教育论文集》

(*Cambridge Essays on Adult Education*)

书名。编辑是帕里(R. St. John Parry)。这本书分析成人教育的各方面,如成人教育的历史、成人教育的意义与宗旨、成人教育的组织、大学推广运动(University Extension Movement)、工人的成人教育、妇女的成人教育、"启导学级"运动(Tutorial Class Movement)等。

美国大学推广运动

1885 年 Chautauqua 开始实施扩充教育。威斯康辛虽 1906 年才有推广教育部,但于 1892 年亦开始从事推广运动。1893 年宾夕法尼亚(Pennsylvania)的国际函授学校也开始从事推广运动。自 1906 年至 1913 年有大学 28 所从事推广教育。又有 21

所大学把从前的事业加以改进。1913年以后,推广事业便散布到全国。在私立大学中,要算芝加哥、哥伦比亚、哈佛等大学的成绩最佳。在省立大学中,要算加利福尼亚(California)、佛罗里达(Florida)、印第安纳(Idiania)、威斯康辛(Wiscosin)等大学最佳。

美国女青年会家事委员会

此会适应社会一般妇女的需要,设有烹饪班、缝纫班、仆役班、幼儿食物烹调班、家庭管理班等。厘定课程标准及授课时间,如烹饪则定为15课,每课授业2小时。凡已婚或未婚之女子,来此补习30小时即可毕业。

美国成人教育联合会

(American Association for Adult Education)

这会产生于1925年10月在俄亥俄州克里夫兰大会。它的目的是辅助全美成人教育机关所进行的各种事业。会中雇有专任的办事人员,并划出专款调查各种成人教育事业。

美国的成人教育

(Adult Education in United States)

美国成人教育事业除公家办的以外,尚有由慈善团体或其他私人团体办理的。这种事业可概分为四类:(一)有为职业补习的,如工人学院或函授学校、合作学校等;(二)有专为公民训练的;(三)有兼顾文化和公民两方面训练的,如兰星社、肖陶扩社,以及大学推广或导师班等;(四)有与俱乐部性质相类似的组织,中有图书游艺的设备,以供一般成人的娱乐。其余详见"大学推广班"、"肖陶扩社"、"暑期学校"、"工人学院"、"函授学校"、"夜学校"、"补习学校"、"库柏学社"、"兰星社"等专条。

美国的补习学校

美国的补习教育很不发达,欧战(第一次世界大战)以后"史密斯—休斯法"产生后,补习教育发展很快,各地教育局都设置补习学校,以容失学的14岁以上18岁以下的青年。补习学校得设立于公立学校及其他的适当建筑物(工场或商店)里面的补习学校,即为各地公立学校系统的一部分,受各地教育局的监督。教授的时期及教授应与各地的公立学校同。受业每日上午八时到午后五时,每周授课时数可随地酌定。所授的科目有英文、公民、经济学、产业立法等。它们的目的在对青年男女予以职业技能和职业指导。1920 年后实行强迫教育的有 19 州,现今这种补习学校已成美国普遍的原则了。

美国夜校

(Part-time Evening Schools)

美国夜校私立的创设最早(在忽列白[1]是 1681 年,在波士顿 1724 年,在纽约 1730 年),1750 年已经是很普遍。从 1790 年到 1797 年葛南氏在多切斯特(Dorchester)纸工厂中,专为艺徒设立一所学校,入学的人很多。同时许多慈善团体提倡义务性质的夜学校,起始专为黑奴而设,后来也有为白人而设的,专门教授成人写、读、算等等技能。在 1881 年全美教育局的统计,已有 32 城设立夜校,1887 年[2]到 1881 年,增加到八千所(约有学生 135 654 人)。到 1922 年,学生人数已增加到 842 863 人。

美国函授学校

在美国的函授学校分两种:(一) 公开的,(二)私立的。公开的函授学校都附属于各大学,已有较长久的历史。好比芝加哥大学早在 1892 年已经设立有函授课程。私立性质的函授学校发达较迟,最早的有斯克兰顿(Scraton)的万国函授学校设立在 1891 年。公开的函授学校多半偏重于文化方面的课程,而私立的多半偏重于职业方面的课程。函授的学生多半是艺徒或工人。近来统计学生人数已近百万,每年学费收入有七千万之巨。

美国俄亥俄工人学院

(Ohio Mechanics Institute)

该院在 1828 年设立夜课班,专授艺徒和院中职员的子弟,学生每人一年须纳会费美金五角,主要的课程有植物学、化学、力学、几何和算术等。

---

〔1〕 根据格莱夫斯著、吴康译《近代教育史》(商务印书馆,1972 年版,第 63 页),"忽列白"应为 Philadelphia,即费城。——编校者
〔2〕 误。——编校者

美育

(Art Education)

见"艺术教育"条。

洪堡民众高等学校

(Humboldt Hochschule)

德国洪堡民众高等学校,1878 年成立,已有五十余年的历史,为柏林最早最大的民众学校。校内共分九系:(一)哲学系;(二)心理学系;(三)文艺系;(四)文化系;(五)自然科学系;(六)健康学系;(七)工业系;(八)法律经济系;(九)言语系。合计共二百八十余班。每班每人纳费由 5 马克至 10 马克;每班讲演约 5 次至 10 次,每次 2 小时。讲演地点十余处,分布柏林各区。

宣传

(Propaganda)对于某种思想或行为做有组织的传播,谓之宣传。广义的说,教育也是一种宣传。狭义的说,教育是个人自由的成长,要避免某种特定的成见的宣传,但实际上是很难办到的。

神话

民间神怪故事和传说,古书如《山海经》、《穆天子传》、《列子》、《搜神记》、《述异记》皆是。《后西游记》、《封神演义》等更是人人所知道的。(参考玄珠:《中国神话研究 ABC》[1],世界书局)

说书

江湖贸食之徒,于神庙、茶肆讲说故事,谓之说书。《夷坚志》:"吕德卿偕其友出嘉会门外茶肆中坐,见幅纸用绯贴其尾云,今晚讲说《汉书》。"盖宋时已有此风。近民众教育者,设法改良,有说书训练班等的试办。

---

[1]《中国神话研究 ABC》,神话研究专著。署名玄珠(茅盾笔名之一)。1929 年 1 月由上海世界书局作为"ABC 丛书社"编的"ABC 丛书"出版。1978 年 11 月改题《中国神话研究初探》,收入人民文学出版社出版的《茅盾评论文集》(下)。全书分为 8 章。本书借鉴了欧洲人类学派神话学的理论,从中国神话的具体情况出发,建立中国神话学体系,是现代中国第一部研究中国神话的专著。——编校者

费舍

（H. A. L. Fisher）

英国政治家与政治学者,生于 1865 年。所著政治论及传纪甚多。自 1916 至 1922 年任教育部长,在国会通过有名之教育法案(见另条)。

《费舍法案》

（Fisher Act）

1918 年,英国国会所通过教育部长费舍所提重要的教育法案。此法案延长义务教育,自 5 至 15 岁(旧至 12 岁),又规定强迫补习教育至 18 岁。

十画

莱奇沃斯教育区[1]

（Letchworth Educational Settlement）

这个教育区不仅在莱奇沃斯本地办理社会教育事业,并在冬天到邻近的八个村庄里去举行周会。区中设有演剧团、音乐会、跳舞会、文学、历史、音乐等教课。

莲花落

民间歌曲名,乞儿唱着卖钱。宋人《五灯会元》[2]云:"俞道婆,尝随众参琅琊,闻丐者唱莲花落,大悟。"可知宋时已通行,归庄《万古愁曲》中,有"遇着那乞丐儿,唱一回莲花落;遇着那村农夫,醉一回田家乐"之句。板桥

---

[1] 莱奇沃斯(Letchworth)：这是位于赫特福德郡(Hertfordshire)的一座花园城市。它被誉为"城镇规划发祥地",体现了花园城奠基人埃比尼泽·霍华德创建完美规划社区的理念。始建于 1903 年,完工于 1909 年。是世界上第一座花园城市。——编校者

[2] 五灯会元:禅宗史书。宋释普济编。共计二十卷。禅宗把以法传人喻为灯火相传,故谓其传法史为"传灯录",简称"灯录"。"五灯"指:《景德传灯录》,法眼宗道源撰;《天圣广灯录》,临济宗李遵勗撰;《建中靖国续灯录》,云门宗惟白撰;《联灯会要》,临济宗悟明撰;《嘉泰普灯录》,云门宗正受撰。普济对上述"五灯"进行删繁就简,将一百五十卷缩编为二十卷,合五为一,故称《五灯会元》。本书录有上至帝皇征召延请,禅师开堂说法,下至文人学士与僧徒往返参学。足见禅宗对唐宋皇室及当时社会影响之大,也是研究唐宋历史和思想的重要参考资料。有宋宝祐本和元至正本。1984 年 10 月,《五灯会元》作为"中国佛教典籍选刊"之一,由中华书局出版(全三册),该书由苏渊雷点校,并对版本演变情况作了介绍。——编校者

道情中,亦有"尽风流,小乞儿,数《莲花》,唱《竹枝》,千门打鼓沿街市"之句。

莫勒

(James H. Maurer)

美国工人教育局(Workers Educational Bureau)局长。生于 1864 年,少为卖报童子、厂工、机械艺徒,为美国社会主义党及劳工运动领袖之一,曾任宾夕法尼亚州立法委员,手订重要劳工法案数件。

荷属东印度的成人教育

(Adult Education in Dutch East Indies)

这是荷属政府教育和宗教事业部所办理的。它的事业对于普及民众教育最有贡献的是公共图书馆,这馆内专门从事传散用荷兰文或和当地土文的书籍。无论大小学校中,都有一所民众图书馆的附设。1916 年,有土文书籍的图书馆凡 709 所,荷文书籍的 100 所。到 1924 年,土文的增到 2011 所,荷文的 145 所。又在军营、医院或其他团体机关,分设许多图书馆,对于文化的传播功效更大了。

格龙维

(N. F. S. Grundtvig, 1783—1872)

丹麦的诗人、宗教家、爱国者。少时目击拿破仑战争中丹麦受英兵的蹂躏,发愤编著丹麦神话、民歌,想从文艺和历史的作品中,唤醒国人的自觉和自尊,并激发国人对祖国的忠爱。后来担任牧师,在宗教上得相当的尊荣。中年以后,便献身于民众教育界,主张打破传统教育,建立新式的民众高等学校解放农民。而格氏虽是理想家不是实行者,但经他一番宣传以后,复以热忱能感动一班忠实弟子,努力实现他的理想,所以他到老年时候,得亲睹民众高等学校运动的进展。他的主张另见"民众高等学校"条。现在人都称他是"民众高等学校之父",又称他是"北地民众的先觉"。

监狱教育

(Prison Education)

这是对于监狱里罪犯所施的教育。内容有宗教、常识和生活技能等,使罪犯在狱的时候,减少精神上的痛苦;出狱以后,得有悔过自新选择职业的能力。

晓庄学校

原名试验乡村师范学校,民国十五年(1926)由陶知行先生创办。主张"教学做合一"。全校没有教室,不规定课程,以为师生的共同生活就是教育。学校的行政组织分行政部、生活部、社会改造部、小学指导部、幼稚指导部。生活组织分乡村教育先锋团和军事组织。先锋团是由校长、指导员、学生、校役合组而成,凡属团员,大家共同立法、守法,无稍差别。每天的生活自早晨四时起,有寅会、拳术、洒扫、各组会议、办公、系统讨论、学术演讲、农事、用书报和记日记等事务。至于烹饪、守望、打钟等事,皆由师生共同分任。该校以小学为改造社会的中心,现有小学 14 所,幼稚园 4 所,管理这些小学和幼稚园特设了教育局一所。

健康教育

(Health Education)

培养和训练关于健康的知识、技能、态度、习惯的教育。也称为卫生教育。寻常的体育,只是健康教育的一小部分。

《徐公桥》

书名,是中华职业教育社在昆山徐公桥乡村改进农村事业试验的第二次报告。把徐公桥乡村改进会的各种工作,包括改造农民生活、改良农村组织、发展农民自治、增加农产数量、推广农民教育、改善农民娱乐等,叙述得很详细。可供从事改进农村工作的人们参考。

徐公桥镇

徐公桥镇在江苏省昆山县安亭乡,由 50 户的徐公桥本镇和附近本镇 27 个大小村落组合而成。东西南北各长十里。居民共 446 户。人口 1995。境内田畴交错,水道纵横,距沪宁铁路安亭车站仅数里,交通甚便。中华职业教育社划为改进乡村生活区,组织农村改进委员会,以普及教育、提高娱乐、促进健康、增进经济能力为宗旨。该会已做的事业最重要的如:(一) 设立农事试验场;(二) 建筑公安路;(三) 组织借贷合作社、信用合作社;(四) 举行村民大会、村长谈话会;(五) 推行民众教育;(六) 组织家庭同乐会等。他们的目的要使全镇以内"野无旷土,村无游民,人无不学,事无不举"。

爱沙尼亚的平民大学

(The People's University in Estonia)

见"爱沙尼亚的成人教育"条。

爱沙尼亚的成人教育

(Adult Education in Estonia)

爱沙尼亚自独立后成人教育发展很快。1920 年私人团体设立的民众图书馆,起初只有 268 所,市政府设立的只有 4 所,到 1925 年,除总馆已增到 610 所外,尚增加分馆 210 所。1925 年规定每行政区均须设立一图书馆,区内民众每人须纳税 2 马克,同时由政府补助若干以添购图书。此外又设立民众大学 9 所:第一所 1917 年开办,校址在塔林(Tallin),教授的方法是大半用讲演式。1925 年也仿办丹麦式的民众高等学校一所。它们的成人星期学校创设较早,到 1925 年,用爱沙尼亚文的学校有 35 所和俄文的学校 41 所。

留声机

音乐机片,为民众娱乐一利器。还有讲演、国语练习等也可制片,效用很多。

阅报所

这所是陈列各种报纸以供民众自由阅览的地方。它的任务约有二端:其一,是以简单的方法,使民众于最速期内得阅最新的报纸;其二,保存已往的报纸,以供史料家的参考。

海员教育团

(Seafarers' Education Service)

英国是海上的霸王,人民在海船上过长期或短期生活的很多。海员教育所以成为一种重要的教育事业。海员教育团是英国世界成人教育会(见另条)的一个附设机关,主持团务的是一个委员会,会员有各种海员会的代表和成人教育专家。

海洋学讲习所

(Institute of Oceanography)

法国海洋讲习所,专为海洋学的研究、传布、发展而设。由两部合成:一部分是博物院,在摩纳哥(Monaco),一部分是学院,在巴黎。院中又有讲座及实习的两部分。每年十月开学,听众概不收费。讲题约分三类:一、海洋物理学;二、海洋生物学;三、海产生理学。德国亦有类似的组织如 Das Konigliche Institute Fur Mee 便是。

家事学补习学校

美国各州实行强迫补习教育,家事学亦职业补习之一,所以又复举办家事补习学校。凡年在 14 岁以上之女子皆须入学,每周授课 4 小时,每年 36 周,共授 144 小时。亦有每周授课 8 小时,每年 18 周者。此种授课时间规定在工作之内,与夜校不同。这校所授课程可分五类:(一)食物;(二)衣服;(三)幼儿保育;(四)家庭卫生;(五)家庭管理。

家事学夜校

这校为美国各州所通行,多附设在日校内,招收年在 16 岁以上的女子,授以家事的教育。其入学皆系自愿,并非国家强迫。此种入学女子,其来源有:(一)将成家或希望成家者,(二)已为主妇或佐理家务者,(三)欲增进家事技能以自给者。

家事科学班

家事科学班为将婚或已婚的女子而设。1913 年,美国各地女青年会有 117 会设有此班。学者凡九千三百余人。

家政指导讲演

(House Demonstration)

美国的家政指导讲演,每州由推广部委定专员主其事,是为州指导员。每乡、每村复设乡村指导员。演讲的材料,如农产麦料的保存、衣服的缝纫、食料滋养的分配和幼童的养育,均有极大的价值。1920 年加利福尼亚州共有指导所 18 处,妇女听讲的 1934 人。全州共开演讲会 619 次,到会的有一万九千余人。

家庭读书会

(National Home Reading Union)

英国全国家庭读书会为佩顿博士(Dr. John Brown Paton)于 1889 年所创办。它的目的有三项:1. 鼓励读书;2. 指导书籍的选择和使用;3. 用系统的阅读施行补习教育。会中出版月刊一种,名曰《读者》,以为指导的工具。每年的工作分冬夏两期,每届的阅读自成一个段落。会址: 16 Russell Square, London, W. C. I.

读书指导

(Reading Courses)

读书指导是指导自修的一种。它包含某科的大纲及一张有系统的参考书目。指导的范围有三种:

一类是为青年的;

一类是为研究专题的成人;

一类是为研究普通科目的成人。

这种指导自修的方法,在美国乡村也很通行的。

《读者杂志》

(*The Reader*)

英国全国家庭读书会(见"家庭读书会"条)的月刊,以指导会员读书为目的。

课程

(Curriculum)

全部教学活动的系统的组织,称为课程。

展览车

展览车,是美国各州大学推广教育的一种。车内陈列各种有教育价值的实物、图画,巡回各乡村中以供民众的观览。同时对他们演讲。车中未备的物件为乡民所欲知者,可投函车中信箱内,嘱其下次巡回到是村时,备齐带来,陈列阅览。

展览会

展览会是依据标本、模型、绘画、照片、幻灯、电影以及图表等,将社会的事物供民众作暂时观览的一种设施。其任务是在使社会民众的知识趣味向上的发展。

娱乐教育

参看"休闲教育"条。

通俗教育

狭义的社会教育。旧称民众教育馆为通俗教育馆。民国四年(1915),北京教育部设通俗教育研究会,分小说、戏曲、讲演三股。

桑代克

(Edward L. Thorndike)

美国大心理学者,生于 1874 年。自 1904 年至今,为哥伦比亚大学师范学院教授。所著《教育心理学》三卷、《智力之测验》、《代数心理》等有名于世界。近著《成人之学习》一书,为成人学习心理的创作。

十一画

捷克斯拉夫的成人教育

(Adult Education in Czechoslovakia)

捷克斯拉夫的成人教育实行很早。在 1897 年,大学里就附设导师班。同时私人团体也有民众大学的设立。在 1917 年,曾颁布一法令,设立免费学校或免费班施行公民训练。同年通令各地都设立图书馆,现在计有九千余所。关于讲演所,属于普通性质的有二万九千;属于职业技术的,有三千三百。寻常的讲习班,属于普通性质的有二千七百;属于职业技术的有一千七百,全国成人教育的推行,多半是由中小学教师分任。特别是劳工团体最为热烈。

教材

(Subject materials)

教学的内容,旧称教材。现在教学内容注重活动,这名词已不很适用。日本译为题材。

教具

(一) 教学上所用诸普通工具,如图表、模型、标本之类,亦称教便物。(二) 特制的器械,如蒙台梭利教具(Didactic Apparatus)之类。

《教育与民众》

杂志名,江苏省立民众教育院、劳农学院出版。以研究民众教育之学理与实施,求专学识者有所贡献为宗旨。内容分专论、译述、计划、调查、书评、演说、丛载等项。年出 10 册,每册约十二万言。

《教育与职业》

《教育与职业》(月刊)是我国讨论职业教育的唯一刊物。中华职业教育社出版,月出一册。

教育区

(Educational Settlements)

这是大学推广中,有固定场所与学校生活的一种组织。寻常大学推广活动,止于演讲和导师班(Tutorial Classes),这种教育区却是包括各种活动而同时尽量地有一种学校空气的中心机关。分住宿区与不住宿区两种。住宿的教育区,无异一工人学院,其中有教室、图书馆、体育馆、工场的设备。学生就学大概为一年,中分三学期。所教授的学科,有数学、文学、生物科学、经济学、政治学等。办法多仿丹麦的民众高等学校。不住宿的教育区,便为一般不能抽身入校就学的工人而设,它们的教育活动都在夜间。

教育区协会

(Educational Settlement Association)

教育区协会是全英国全国教育公社联合机关,总事务设于伦敦,分事务设在约克(York)。这协会受英国政府承认,定为成人教育的正式机关。

教育同盟会

(The Educational Alliance)

美国教育同盟会是对待外籍犹太民族的一种社教事业。1889 年创始,逐渐推广,现在规模宏大。每日上午 9 时起下午 7 时止,有四千犹太男女出入其门。目的在使入美籍的侨民都能从速的美国化,所以注重英文和公民训练等课程。教导的工作,有的是正式上课,也有是公共演讲。

教学

(Teaching)

旧名教授。因这种活动重在师生的相互反应,尤须学者的志愿努力,故改称教学。专指教师活动而言的时候,仍可用教授旧名。

职业讲习所

法国职业讲习所系依 1919 年 7 月 25 日的法令而组织,专为年幼工人或学徒学习的场所。多半是市工商团体所建立。授科多在夜间或午后,平均每日不过 2 小时。

《职业修养丛书》

这丛书是中华职业教育社所编印。已出版者有:《青年与职业》、《世界十大成功人传》、《服务箴言》、《成功人鉴》,共 4 种。

职业教育

(Vocational Education)

培养和训练个人取得职业效能所需知识、技能、态度、习惯的教育。因为职业的直接功用是谋生,所以习惯语内,又称它为生计教育。

《职业教育丛刊》

本刊是中华职业教育社所出版的。已印行的有:《职业教育研究》、《职业知能测验法》、《职业指导》、《职业指导实验》、《德国工商业补习学校》、《职业心理职业概况》等 8 种。

《职业教育法案》

1917 年,美国国会通过议员史密斯-休斯所提的《职业教育法案》(*Smith-Hughes Vocational Education Act*)。由中央政府,拨国库补助费每年 1 860 000 元,递增至 7 367 000 元,依中央和各州政府合作分担的原则给予之。

职业教育馆

这馆是中华职业教育社的附设机关,民国十一年(1922)五月成立,馆址在中华职业学校内。有大会堂,随时举行讲演、陈列及正当娱乐,以增进职工的知识、道德和兴味。

萨德勒

(Michael E. Sadler)

英国著名教育家。生于 1861 年,少就学于牛津大学。1903 年后,任大学教育学教授十余年,从 1923 年到今任牛津学院的院长。氏迭任教育部许多重要委员会的委员,手编教育部《教育调查报告》(*Special Reports on Educational Subjects*)几十册。其他教育名著很多,关于成人教育的,有《英国的补习学校》(*Continuation Schools in England and Elsewhere*)。氏又于 1885—1895 年间任牛津大学推广干事,所以在英国成人教育上也负有众望。

曼斯布里奇

(Albert Mansbridge)

英国工人教育领袖,生于 1876 年。受小学教育,以自学成名,得牛津、剑桥等大学博士学位。于 1903 年创英国工人教育会(Workers Educational Association)。现任世界成人教育协会(World Association for Adult Education)和英国成人教育研究社(British Institute of Adult Education)的主席。著有成人教育书几种,有名于世。

唱本

民间叙事歌,或七言,或十言,分三、三、四读。通行的如《孟姜女寻夫》、《梁山伯祝英台》等。其词如下例:"鞑子便问孟姜女,你要过关为何因? 姜女开言来细说,我要寻夫到长城……关官吩咐唱花名,唱完花名放她行。""祝英台,在花园,喜笑盈盈。叫一声,众丫环,听奴原因。有牡丹,和芍药,争强比胜。桃花红,李花白,开得鲜明。一枝梅,并头莲,成双作对。虞美人,夜来香,久不为婚……祝英台,看不尽,花园景致。同梅香,十二人,又往前行。"

假期合作社

(Co-operative Holidays Association)

这社的目的有三种:(一) 利用工作的假期施行补习教育;(二) 使工人在休假的时候得到正当的娱乐;(三) 实行团体合作的生活。这社是 1887 年伦纳德(I. Arthur Leonard)所创立,起初是很小的团体,后来竟推及国外。

商务管理学校

法国商务管理学校创自 1920 年,专为置身在商界及银行界青年男女而设。目的专为助成他们综理事务上的才能和必要的知识。

谚语

民间口头流传的俗语。古书里如"畏首畏尾,身其余几"、"众心成城,众口铄金"、"当断不断,反受其乱"之类皆是。现在流行的这种简短谚语难枚举。

谜语

民间隐语。《文心雕龙》云:"谜也者,回互其辞,使人迷也。"普通的,如"日里忙忙碌碌,夜里茅草盖屋"(眼);"十个兄弟结个社,头上各顶一片瓦,小事分作两家做,大事齐心也不怕"(手)之类。相传苏东坡和佛印制谜甚多,如"我有一张琴丝,弦藏在腹,时时马上弹,弹尽天下无声曲"(匠人墨斗)之类。后文人制字谜、诗谜,竟为工巧,成了文字游戏,已失民间传说的本相了。谜贴于灯,又称灯谜。(参考钱南扬:《谜史》,中山大学)

弹词

以故事编为韵语,有白、有曲可以弹唱,谓之弹词。宋末始有《西厢传奇》,后来如《倭袍》、《珍珠塔》、《三笑姻缘》等名著。弹词有大部分为妇女的文学,如《天雨花》、《笔生花》、《玉簪缘》皆成于女作家之手,而为妇女所喜读的。

《维维亚尼[1]计划》

维维亚尼(Viviani),法国政治领袖,于1917年提出计划:凡已受小学教育之13岁至17岁的青年,须一律受每年300点钟的补习教育。其中一半为职业课程,一半为普通课程。

十二画

塔斯基吉学校

(Tuskegee Institute)

这校在美国亚拉巴马州(Alabama),创于1881年,是黑人的一个半工半读的学校。每周三日教授普通课程,三日实行工业的训练。预备科3年毕业,师范科4年毕业。女子工业课程有缝纫(2年)、缝专科(1年)、婴儿看护及保育法等。此外更有园艺、制帚、制席、编篮等。教授时注重实习,各种设备皆很完备。有一

---

[1] 维维亚尼(Rene Viviani, 1863—1925),法国政治活动家,律师。米勒兰的拥护者,属于"独立社会主义者"集团。多次当选为议员,曾任教育部长、总理兼外交部长、司法部长等职。——编校者

小家庭,学生末了一年入内居住,练习家政。女生毕业前至少要学烹调 1 年。这校又设有推广部,以改良家庭及工业为宗旨。

揭示处

揭示处,以增进民众的智识、涵养民众的道德、劝导民众注意健康为目的。揭示材料大都是最新的知识、有趣的事实、娱乐的歌曲、美丽的图画,以及日常生活的常识。

联合劳动教育委员会

(United Labor Education Committee)

这是美国纽约的一个劳动教育机关,由许多工会联合组织而成。会中有执行部主持一切事务。所办教育事业种类很多,文、理并重,对于娱乐尤为注意。

《最近各国的补习教育》

书名。任白涛编辑,1928 年启智书局出版。内容把英、美、德、法、丹麦、日本诸国的城市和乡村的补习教育作比较,有系统的、概括的叙述,更能举出实例以供参考。

童子救护队

(Boys' Brigade)

这救护队和现在的童子军有一些相像,是以培养儿童的德性、互助精神和团体纪律为宗旨的。对于他人的救护尤为队中重视之事。这种团体虽然原来是慈善和爱国的动机设立的,但无意之中,许多失学儿童在这里得受教育。

道情

又称黄冠体。或本道士所唱,后乞丐叫唱卖钱。至明归玄恭、清郑板桥的道情,为文学上名作。归《万古愁》有云:"那老女娲,断甚么柱天鳌;那老巢氏,驾甚么避风巢;那不识字的老包羲,画甚么偶和奇;那不知味的老神农,尝甚么卉和草?更可恨那惹祸招非的老轩辕,弥天摆下鱼龙阵,匝地掀成虎豹韬,遂留下把万古杀人刀。"板桥道情十首之一云:"掩柴扉,怕出头,剪西风,菊径秋,看看又是重阳后。几行衰草迷山郭,一片残阳下酒楼,暮鸦点点萧萧柳。撮几句,盲词瞎话。交还他,铁板歌喉。"

道德文化会

德国道德文化会(Gesells chaft rethische Kultur)1892 年成立。它的目的在每一

城市创设民众图书馆一所,任人阅览,毫不收费,购置图书毫无个人政治、宗教上的成见,纯以民众需要为中心。该会竭力提倡,因此图书馆遍布德国各大城市。

游民习艺所

游民习艺所是一施行补习教育、职业教育和感化教育的机关。专收无业游民、不良少年,教以普通知识、谋生技能。教授课章分初等、高等小学两种,其科目与普通初等、高等相似,工艺训练分织染科、打带科、印刷科、刻字科、毡物科、制胰科、制帽科、制鞋科、木工科、石工科等等。民国四年(1915)十二月,内务部曾颁布《游民习艺所章程》9 章 31 条。

富兰克林学社

(Franklin Union)

富兰克林学社是由美国名人富兰克林的遗产设立的,址在美国麻省的波士顿城中。富氏遗嘱中载明"百年后须用遗产中的一部分,建立一种与民众有益的公共事业"。所以社中设立了一个工业学校。这个学校收容的学生都是成人,所授课程是很高深的专门知识,教授系聘各著名工厂中的技师担任,教课时间在晚间。

强迫补习教育

各国义务教育施行以后,进一步规定中等程度的补习教育的普及,谓之强迫补习教育。

强迫识字

规定识字训练普及时期,过期还不识字的,施行惩罚,和各国施行强迫学龄儿童就学的办法相仿,谓之强迫识字。这种惩罚,前几年有人主张在城门口设警察,持《千字课》抽验往来行人。识字的放行,不识字的罚愚民捐铜元一枚(见陶知行:《平民教育概论》,《中华教育界》十四卷四期)。最近教育部教育方案编制委员会拟订的强迫识字训练办法,也有训练国民识字警察二万人,手持《三民主义千字课》抽验行人,不识字的,罚愚民捐铜元一枚的规定。

强迫教育

(Compulsory Education)

用法律规定儿童在学龄期内一律就学,否则罚其父母或监护人,谓之强迫教育。又称义务教育(见另条)。

十三画

瑞典艺徒学校

为被雇用于农工界的青年男女而设。修业年限 2 年,每年规定授课 8 个月至 9 个月,每周授课 6 小时至 12 小时,以不妨碍青年原有工作时间为原则。

瑞典的补习学校

瑞典的学制在初等学校以上有补习学校,教授时间至少 360 小时至多 540小时,分配 2 年或 3 年授毕。教科性质,以实用为主,如农事、家事等,技能的应用极为重视。它如国语、公民、自然科学等,亦皆注重实用。学生概不收费。

鼓词

(一) 南宋时,民间流行鼓子词。陆放翁诗:"斜阳古柳赵家莊,负鼓盲翁正作场。死后是非谁管得,满村听唱蔡中郎。"活画出老翁击鼓歌词情景。(二)现在的鼓词盛行于北方,正和弹词盛行于南方一样。但弹词有很好的文学作品,而鼓词缺少。如《乾坤归元镜》、《宝莲灯》、《馒头庵》、《十三妹三刺年羹尧》、《八锤大闹朱仙镇》、《白良关父子相会》等,在文艺上并没有多大价值,鼓词俗称"大鼓书"。

雷克斯

(Robert Raikes, 1735—1811)

雷克斯是日曜学校最早的提倡者,人家称他为"日曜学校之父"。起初他常喜欢在日曜日,聚集许多小孩和他们谈一些宗教的故事,或教他们读一些书。1780 年,他聚集了许多青年工人,请四个女教师教他们。试验成功后,他做了一篇文字,鼓吹日曜学校的利益,深得全国人们的同情,而从此仿效的日众。

简·亚当斯

(Jane Addams)

美国新村组织家和教育者,生于 1860 年。于 1889 年在芝加哥创赫尔院

(Hull House),为新村的中心,从事教育和指导,历几十年不倦。

简字

(一)清末浙人劳乃宣氏所创拼京音和方音的字母。(二)近年有人,如钱玄同氏等,主张用减笔俗字,以解除一部分文字的困难。最近中央大学教授艾伟氏,研究汉字心理,也在探讨减笔字的问题。这是在民众常用字汇以外,设法减少文字困难的尝试。

简易识字学塾

清宣统元年(1909),学部议设简易识字学塾,以辅助年长失学及无力就学的青年识字为目的,略如我们现在的民众学校(见另条)。另编《简易识字课本》为教材(见"民众字汇"条)。

新西兰工人教育会

新西兰的工人教育会是1915年从英格兰分出的。它的主旨是在给殷勤向学的人们能得机会受相当的高等教育,同时尚能继续谋生的工作。教授的方法有用课室演讲的,有利用夏季旅行的,所得的实际学问和从正式大学中所得的是相同的。经济的来源,多半得自私人捐助或政府的津贴。现今刊行的《大路杂志》是由会中出版的。

《新的成人学校》

(*New School of Older Students*)

书名,美国佩佛氏(Peffer)著,麦克米伦(N. Y. Mac Milian)公司出版。全书共分九章:第一章是叙论,第二章是叙述各种讲论会,第三章是分说各种讲习所,第四章是罗列各种成人学校,第五章是列叙各种事业的全国联合会,第六章讲的是各团体的教育问题,第七章讲的是科学馆和艺术馆,第八章是讨论工人教育,第九章是结论。

新南威尔士工余学校

(Part-time School in New South Wales)

新南威尔士半日学校大概都设在乡村。课程注重农业、家政和技艺的训练。凡能招集一二十个学生的地方,就设立一个学校。1923年已有1012所,学生共有 7500 人。此外又有巡回学校 3 所，专门巡行各偏僻乡村，每次约停留一星期。教课的人自备有帐幕和卧车，以便寓宿。

意大利科学演讲团

(Scientific Lyceum in Italy)

这是意国高等的成人教育事业，它的目的是偏重在社会科学和自然科学方面。学生在专科学校毕业后再来受 4 年的训练。所授的课程有意大利文、拉丁文学、历史、哲学、政治、经济、数学、物理、化学、地理、图画、外国文学。

滩簧

按《杭俗遗风》[1]："滩簧以五人分生、旦、净、丑脚色，用弦子、琵琶、胡琴、鼓板，所唱亦系戏文，不过另编七字句，每本五六出。又有锣鼓滩簧，亦有串客。"现在上海游戏场中，杂耍颇多，滩簧有好几种，有本滩（上海本地滩簧）、无锡滩、苏滩等。苏滩脱胎于昆曲，比较文雅。本滩、无锡滩等，淫猥鄙俚，不堪入耳，为民众娱乐上一大问题。

福特馆

(Ford Hall)

美国福特馆是较高等的学术机关，由科尔曼氏（George Coleman）创设。初次开会，听众只一百五十人，近来听众在一千五百人以上。每当开会，先有半点钟的音乐，继之以一小时的演讲，最后便讨论问题。讨论的事项，大都是宗教问题、种族问题、社会问题……间或及于性育问题。听众分子极为复杂，厂工也有，黑人也有，犹太人也有，其他各国人也有；天主教徒也有，耶稣教徒也有。但是会中的精神是友爱宽容。所以虽有辩论，都能以公共的理智来裁判，而没有无谓的争执。

群育

参看"公民教育"条。

---

〔1〕《杭俗遗风》：清代范祖述原著，洪如嵩补辑。1989 年上海文艺出版社据 1928 年六艺书局版本影印出版。本书是关于杭州地方清代风俗的代表作。书后附《江乡节物诗》若干首。——编校者

十四画

模型

(Model)

仿照实物形象,制成具体而微的物体,谓之模型。

歌谣

(Folk Song)

周作人说:"照字义上说来,只是口唱及合乐的歌;但平常在学术上,与'民歌'是同一的意义。"中国歌谣,以前文人除很少的例外说,多视为鄙俚不注重,或目为淫猥而禁遏。明理学者吕得胜《近溪渔隐》:吕坤(新吾)做《小儿语》、《续小儿语》、《演小儿语》,多自作的三字格言,只有很小部分是儿歌。1806 年意人韦大列[1](Vitale)刊北京歌谣百七十首。又有美人何德兰(Headland)[2]编《孺子歌图》,算开始研究。民国七年(1918)北大设歌谣征集处,后改歌谣研究会,出《歌谣周刊》。年前中山大学也出《民俗》周刊。周作人、顾颉刚等的成绩尤著。余见"民歌"等条(参考钟敬文:《歌谣论集》,北新)。

十五画

德尔

(William Dell)

人名。英国成人教育的理想家。当 1650 年他做剑桥大学冈村学院院长时,

---

[1] 韦大列(Baron Guido Amedeo Vitale),出生在那不勒斯,曾在那不勒斯东方大学研究院学过汉语。1890 年赴中国,任意大利驻北京使馆的翻译。1899 年升任译职秘书。他长期侨居北京,对中国的民间文学,特别是民间故事和儿歌发生了浓厚的兴趣。他利用业余时间着手搜集这些作品,最后汇集成两本著作出版,一本是《北京儿歌》(1896),一本是《中国笑话集》(1901)。他对中国民间文学事业作出了重要贡献。——编校者

[2] 何德兰(I. T. Headland,1859—1942),即艾萨克·泰勒·黑德兰,美国美以美会教士,1888 年来华,任北京汇文书院文科和神科教习。他对中国美术颇有研究,并对 19 世纪末 20 世纪初的中国社会有着精细观察,编撰了许多有关中国的著作,包括《慈禧与光绪——中国宫廷中的生存游戏》、《孩提时代》等书。——编校者

他想在牛津、剑桥两大学以外再设许多大学,能使全国成年半日治学,半日作工或间日来学。这个理想在当时虽未实现,可是成为后来成人教育的一种方式。

德国工人学校

(Worker's School in Germany)

这是德国的一种新学校,特别注意动的方面工作。和它性质相似的,有生活学校(School of Life)、社会学校(Community School)和创造学校(Creative School)等。

德国乡村公社联合会

(Vereinigung der Preussischen Landgemeinden)

这机关是由普鲁士各乡村公社组合的。它们主张乡村学校须由各乡村公社主办,而须由政府负经济的责任。

德国成人教育

德国成人教育异常发达,如公园、图书馆、博物馆等机关,有国立的、有市立的、有私立的。种类的繁多不可殚述。还有一种民众高等学校,尤其是唯一的成人教育机关。兹特分述如下:一、博物馆,为民众自由游览的场所,目的在发展国民的知识与技能,这种机关种类极多,有武器馆、矿山博物馆、邮政博物馆、地方教育馆、国立绘画馆、建筑博物馆、农业博物馆、自然科学博物馆、交通及土木博物馆、世界民族博物馆、乐器陈列馆、海洋科博物馆,植物园等。二、图书馆,德国图书馆遍布各州,而民众图书馆(Volks liblio the kar)的发达,尤在各种科学图书馆之上。民众图书馆的目的,第一在提高一般人文学、美学的思想以及道德观念。第二在使民众得有优适消遣处所,以免流于不正当的娱乐与嗜好。第三在增进民众生产能力。近就柏林一地方的统计,各民众图书馆中每年借出的书籍,在 150 万本以上;又到馆阅书的人,每年在 50 万人以上。三、通俗讲演,各种通俗教育会,都设本部于柏林,设支部于各地。讲演场所多假学校、博物馆、植物院、机关。讲演时间多在夜里;讲演科目分文学、自然科学、医工、社会学等。讲员多专门教师,听众不论男女,讲后可自由问答以资研究。四、民众高等学校,德国民众高等学校共分两种:一种设在大城市,有类于英国大学推广事业,所讲科目多涉及高深学术范围。一种设在乡间,有类于丹麦民众高等学校,所讲科目多属于普通常识范围以内。

德育

(Moral Education)

旧名。道德教育,近来教育目标上多不特列一项,因为道德行为,只是人生活动中善良的态度、习惯、理想、好尚等,而除了健康、职业、公民、休闲的活动以外,没有另外一种道德的活动,所以它的大部分即包括在公民教育内了。

十六画

霍金

(Margaret T. Hodgen)

霍金是美国一位热烈的工人教育宣传家,认定教育权和参政权一样,都不是一种自由的恩物,自由的赏给人们的,而是一寸一尺奋斗推进而获得的。并谓今日工人所切身需要的,已不止做一个识字的好教徒,或一个循分的好公民,也不止仅能在现时社会组织内增高生产或得知识的娱乐,乃是要"怎样组织和领导工人团体,怎样取得和参加产业的管理……"

廿一画

露天学校

(Open-air Schools)

美国的露天学校,是专为身体不健康的学生而设立的。不过在英国的露天学校略有不同,好比在伦敦设立的船坞学校(London Dockside School)是从事航业训练的,又如欧战初开以前,技艺学校(Craft School)设立在伦敦东部(East end of London),教授瓷业、铅工或是其他的手工技艺。因为受战争的影响,这种学校到现在还没有恢复。

补遗

丹麦民众高等学校

丹麦民众高等学校,是格龙维所提倡,格氏的弟子以及后来的信徒继续经营。这种学校的主张和办法有下列的各点:

1. 民众高等学校(Folkehojskole),专为18岁以上男女青年设立,是一种相当于大学程度的补习学校。

2. 学校每年分两学期,十一月一日至四月一日,五个月一学期,给男子就学。五月一日至八月一日,三个月为一学期,给女子就学。多就他们比较农暇、工暇的时间。除了阿斯考夫(Askor)一校以外,都是男女分学。

3. 设置都在乡村。

4. 课业绝对自由,没有什么考试或毕业。

5. 全部教育注重在以教师人格的力量,活泼泼地引起和供给青年知识、理想、欣赏上的欲求,因以建设乡村的新生活、新文化。

6. 学科是文化的、非职业的,特重丹麦文学、歌谣、历史、宗教和音乐(农业教育,另有二十余所的农业学校)。

7. 教学方法竭力摈绝书本,注重教师的"活的语言"(Living word),即演讲,以及学生的自由讨论。

8. 学校生活重在师生的共同作息、共同结合,纪律重在共同立法,共同守法。教师是学生的指导者(Guide)、哲学者(Philosopher)和友伴(Friend)。

9. 教师的选择以人格和热诚为标准,不管他的学历、资格和训练。

丹麦地方农学校

这是丹麦男子毕业于民众高等学校后所入的学校。受课期间自一学期至二学期以上,所授学科为农业的原理、土地测量、农艺化学及农业上实际的基础科学。它的目的是要把实际事实与农业科学互相结合,以增进他们农业上的兴趣。这校的生徒多是实际上的农夫。

丹麦家事经济学校

这校专门为女子而设,入学者多为农家主妇。它的目的在使理解科学的方法、经济的原理来处理家事，以完成其为内助的知能。民众高等学校中虽也有裁缝、刺绣等科目，但是这校则完全是专教主妇的学科。

丹麦小地主的特别学校

这是为小地主而组织的学校，称为特别学校。采用民众高等学校和农学校之所长，而为农夫短期的讲习所。学生不论年龄的大小，以及所受教育的深浅，都可以入校读书，教材注意农家的副业，如养鸡、养蜂、养兔等事。无论哪个农夫，遇到任何问题，都可以入学，请求教导与辅助。

编校后记

这本《民众教育辞汇》(以下简称《辞汇》),编于 1929 年,列入"江苏省立民众教育院、劳农学院研究部丛刊",由江苏省立民众教育院出版。孟宪承先生率张钟元、马祖武、周耀、阎敦建等人为了研究民众教育,收集了大量有关材料,并用卡片的方法加以记录;出于以自己当时的辛苦,"节省大家将来的劳力",于是将这些卡片加以整理,就辑成了这本《辞汇》。

民众教育是先生当年研究和实践的一个重要课题。除了出版或发表有关民众教育的著、编、译外,他还创立浙江民众教育实验学校,主持江苏北夏实验区的民众教育实验。此外,曾任乡村建设具体方案编制委员会委员,参加草拟学制系统与社会教育地位的方案;受聘为当年教育部教育方案编制委员会委员兼成人补习教育组主任、民众教育委员会委员,参加拟订民众教育在教育系统上的地位草案等。

这本《辞汇》收词广泛,兼顾古今与中外,涵盖理论与实践。共收词目 354 条,分"一般名词"、"各国民众教育概况"、"民众教育机关及事业"、"民众教育法规"、"民众文艺"、"民众教育专家"、"民众教育重要书刊"等七类,收入国内外成人补习教育和社会教育的各种组织、活动、人物、思想、立法、出版物和其他相关载体等材料。国外材料,主要涉及英国、法国、德国、意大利、丹麦、美国、苏俄、波兰、匈牙利、芬兰、日本等国,其中对各国民众教育组织、机构的介绍为详。国内材料,则涉及中国古代和近代民众教育组织、活动以及教育内容,其中对民国时期各地民众教育组织和活动的介绍为详。《辞汇》还收录了儿歌、谜语、戏曲等民众文艺词条，既表达了编者的民众教育观念，也丰富了民众教育的内容和形式。

先生自道《辞汇》只是搜集材料的初步工作，"无当于学术上的所谓研究的"，但事实上，这本《辞汇》作为一本工具书或资料书，不仅为当时的民众教育研究者和实践者提供了丰富而准确的信息，而且对今天的相关研究和实践也是一笔重要的思想遗产。

此外，需要说明的是，繁体简排后，原书词条据简体笔画重新排序。清样承程宝伟、王晓芳两同志悉心再校对，深致谢忱！编校中肯定还有这样或那样的疏误，敬请指正！

陆道坤
2010 年 10 月于华东师大

图书在版编目（CIP）数据

民众教育、民众教育辞汇/孟宪承编. —上海：
华东师范大学出版社，2010.5
（孟宪承文集；4）
ISBN 978 - 7 - 5617 - 7713 - 8

Ⅰ.①民… Ⅱ.①孟… Ⅲ.①国民教育
Ⅳ.①G512.3

中国版本图书馆 CIP 数据核字（2010）第 078807 号

孟宪承文集·卷四

民众教育　民众教育辞汇

主　　编　瞿葆奎
副 主 编　杜成宪
编　　者　孟宪承
项目编辑　陈锦文
审读编辑　赵建军
责任校对　王　卫
装帧设计　储　平

出版发行　**华东师范大学出版社**
社　　址　上海市中山北路 3663 号　邮编 200062
网　　址　www. ecnupress. com. cn
电　　话　021 - 60821666　行政传真 021 - 62572105
客服电话　021 - 62865537　门市（邮购）电话　021 - 62869887
地　　址　上海市中山北路 3663 号华东师范大学校内先锋路口
网　　店　http://ecnup. taobao. com/

印 刷 者　江苏常熟华通印刷有限公司
开　　本　787×1092　16 开
印　　张　13.25
字　　数　183 千字
版　　次　2010 年 12 月第 1 版
印　　次　2010 年 12 月第 1 次
印　　数　1—2 100
书　　号　ISBN 978 - 7 - 5617 - 7713 - 8/ G·4462
定　　价　42.00 元

出 版 人　朱杰人

（如发现本版图书有印订质量问题，请寄回本社客服中心调换或电话 021 - 62865537 联系）